Rathjen · Nennt mich Ishmael

Friedhelm Rathjen

Nennt mich Ishmael

Sieben Aufsätze und Miszellen zu Leben und Werk von Herman Melville

2019

Die hier versammelten Studien wurden folgenden Bänden entnommen:

Friedhelm Rathjen: *weder noch. Aufsätze zu Samuel Beckett* (Edition ReJoyce, Bd. 7)

Friedhelm Rathjen: *Die Kunst des Lebens. Biographische Nachforschungen zu Arno Schmidt und Consorten* (Edition ReJoyce, Bd. 18)

Friedhelm Rathjen: *Quadratur des Kreises. Zum Übersetzen* (Edition ReJoyce, Bd. 28)

Friedhelm Rathjen: *Ach, Amerika! Literatur, Leben, Landschaft* (Edition ReJoyce, Bd. 36)

Friedhelm Rathjen: *Doublin' Dublin. Vorträge und anderes zu James Joyce und Samuel Beckett* (Edition ReJoyce, Bd. 42)

Herman Melville: *Zwiesprache mit Hawthorne. Aus der Werkstatt des „Moby-Dick“* (Edition ReJoyce, Bd. 65)

rejoyce pocket
rjp 5

Bibliografische Information der Deutschen Bibliothek:

Die Deutsche Bibliothek verzeichnet diese Publikation in der Deutschen Nationalbibliografie; detaillierte bibliografische Daten sind im Internet über <http://dnb.ddb.de> abrufbar.

EDITION ReJOYCE Südwesthörn 2019
in Kooperation mit der Edition RathJen Westerholz (Nds.)
rejoyce@gmx.de
Satz, Titelfoto und Umschlaggestaltung: Friedhelm Rathjen
Herstellung: Books on Demand GmbH, Norderstedt
ISBN 978-3-947261-10-9

Inhalt

Die Werkstatt des *Moby-Dick*

Eine detaillierte Rekonstruktion der Entstehung von Herman Melvilles Großroman *Moby-Dick* ist und bleibt unmöglich, da das Manuskript nicht erhalten ist und es auch keine direkt zum Buch gehörenden Skizzen oder Notizen gibt. Rekonstruieren läßt sich lediglich der biographische Kontext, aus dem heraus und vor dessen Hintergrund der *Moby-Dick* entsteht.

Basis dieses Kontexts sind die Erlebnisse des jungen Melville zur See. Er wurde zwar 1819 in eine großspurige Familie hineingeboren, die jedoch nach Bankrott und Tod des Vaters in nimmerendende Bedrängnis geriet, weswegen Herman (der seinem Vater zufolge ohnehin „sprachlich zurückgeblieben" war und über „eine etwas schwerfällige Auffassungsgabe verfügte") nur eine dürftige Schulausbildung erhielt und sich früh nach eigenen Einkünften umsehen mußte. Auf der Suche nach solchen Einkünften, aber wohl auch im Streben nach Abwechslung von und Erlösung aus seinem wenig aufregenden Leben als Hilfsschulmeister und Landvermessungslehrling verbringt Melville ab 1839 fünf Jahre auf See und in fernen Ländern. Mit gerade einmal zwanzig Jahren geht er auf seine erste Fahrt als Seemann, mit 22 auf die erste Walfangfahrt, die damit endet, daß er in der Südsee vor der Gewalt an Bord desertiert. Einige Wochen lebt er unter Eingeborenen (vielleicht auch „unter Kannibalen") von Luft und Liebe, läßt sich dann erneut auf einem Walfänger anheuern, desertiert ein zweites Mal, kehrt schließlich auf einem Schiff der Kriegsmarine nach Amerika zurück und heiratet in eine betuchte Familie ein. Melville ist 25 und hat in diesen fünf Jahren praktisch den gesamten Erfahrungsschatz angesammelt, den er fortan zu Literatur macht. Die Erlebnisse in der Südsee läßt er zunächst ihren Niederschlag finden in den Romanen *Typee* (1845) und *Omoo* (1847), die seine leider allzu kurze Karriere als Erfolgsschriftsteller begründen. Seine maritimen Erfahrungen speisen auf unterschiedliche Weise auch die Nachfolgeromane *Mardi* (1849), *Redburn* (1849) und *White-Jacket* (1850); während *Mardi* auf phantastisch-allegorische Weise noch einmal jene Südsee-abenteuer nutzt, die bereits das Fundament für *Typee* und *Omoo* gebildet haben, beruht *Redburn* auf Melvilles aller-ersten Seemannserfahrungen als Schiffsjunge im Handels-verkehr zwischen den USA und England, *White-Jacket* auf den Erlebnissen an Bord des Kriegsschiffes, das ihn 1843/44 aus der Südsee zurückgebracht hat. Ausgespart bleibt in all diesen Büchern allerdings das Walfangthema, und so kann es nur eine Frage der Zeit sein, wann und wie Melville sich literarisch damit beschäftigen wird.

Schon während seiner Zeit an Bord des Walfängers Acushnet, von dem Melville in der Südsee desertiert ist, hat er die wahre Geschichte des Walfangschiffs Essex aufgeschnappt, das im November 1820 im Pazifik von einem Wal attackiert und versenkt wurde. Andere dramatische Berichte aus diesem blutrünstigen und gefährlichen Gewerbe kommen hinzu; aber auch jene Zustände an Bord solcher Schiffe, die Melville zur Desertion getrieben haben, gehen ihm noch so nahe, daß er sich die wenigen einschlägigen Publikationen besorgt und 1847 eine Rezension über die *Etchings of a Whaling Cruise* von J. Ross Browne verfaßt. Ob er um diese Zeit schon mit dem Gedanken an ein eigenes Buch über das Walfanggewerbe spielt, ist unbekannt, Indizien dafür gibt es nicht.

Erstmals die Rede von einem Roman über eine „Walfangreise“ ist in Briefen Melvilles an Richard Henry Dana (Verfasser des Buches *Two Years Before the Mast*, das Melville in *White-Jacket* lobt) vom 1. Mai 1850 und an Richard Bentley (Melvilles Londoner Verleger) vom 27.

Juni 1850. Melville schreibt hier von einer „Abenteuerromanze“, die er bis zum Herbst fertig zu haben gedenkt. Vom Manuskript dieses offensichtlich schon gut vorangekommenen Schreibprojekts ist leider nichts erhalten, so daß wir nicht wissen, wie Melville das Buch in dieser Phase hatte anlegen wollen. Es läßt sich lediglich fruchtlos darüber spekulieren, ob sich in dem Projekt schon der Einfluß der Lektüre Shakespeares und Miltons niederschlägt – beide Autoren hat Melville vermutlich Anfang 1849 für sich entdeckt, schafft sich daraufhin die Ausgaben *The Dramatic Works of William Shakspeare* (sic) in sieben Bänden und *The Poetical Works of John Milton* in zwei Bänden an und beginnt, sich planmäßig in die Weltliteratur einzuarbeiten, deren Kenntnis ihm aufgrund seiner mangelhaften Schulausbildung zuvor versagt geblieben ist. Zu einer literarischen Bildungsreise wird ihm deshalb auch ein mehrmonatiger Europa-Aufenthalt, zu dem er am 11. Oktober 1849 aufbricht. Vordergründig gilt die Reise dem Zweck, in London seinen Verleger Bentley zu treffen und mit ihm über die nächsten Publikationen zu verhandeln. Als Melville am 1. Februar 1850 nach New York zurückkehrt, führt er im Gepäck als Früchte der Reise aber vor allem seine persönliche Bibliothek der Weltliteratur mit: Werke von Beaumont & Fletcher, Boswell, Sir Thomas Browne, De Quincey, Goethe, Thomas Hope, Charles Lamb, Lavater, Marlowe, Rousseau, Schiller, Mary Wollstonecraft Shelley und anderen, die sämtlich ihre Spuren im *Moby-Dick* hinterlassen werden.

Trotz dieser Vertiefung Melvilles in die Weltliteratur wäre der *Moby-Dick* vielleicht doch nur ein weiteres Abenteuerbuch geworden, jene „Abenteuerromanze“, von der Melville Ende Juni 1850 spricht, wäre ihm nicht die literarisch folgenreichste Begegnung seines Lebens dazwischengekommen. Vom 4. bis zum 12. August jenes Jahres hält sich Melville mit literarischen Freunden in

Pittsfield (Massachusetts) auf; man trifft sich zu gemeinsamen Festivitäten, Picknicks und Festschmäusen. Bei einem dieser Picknicks lernt Melville am 5. August den seit einigen Monaten im nahegelegenen Lenox wohnenden Nathaniel Hawthorne kennen, der sich sogleich bestens mit Melville versteht, lange Gespräche mit ihm führt und ihn zu sich nach Haus einlädt. Hawthorne ist 15 Jahre älter als Melville und eine anerkannte literarische Persönlichkeit, an dessen öffentliches Format Melville selbst trotz seines Sensationsruhms nicht ansatzweise heranreicht – vielmehr ist Hawthorne für Melville zwangsläufig eher eine Vater- und Vorbildfigur, an der er sich orientieren kann, als ein gleichwertiger Freund.

Schon in den Tagen nach der ersten Begegnung verfaßt Melville eine ausführliche Würdigung von Hawthornes bereits 1846 erschienener Kurzgeschichtensammlung *Mosses from an Old Manse*; der Aufsatz erscheint noch vor dem Monatsende in zwei Teilen anonym in der Zeitschrift *The Literary World*. Als Lobhudelei grenzt „Hawthorne und seine Moose“ passagenweise ans Peinliche, zumal der Text eben zu jenem Zeitpunkt entsteht, da Melville sich persönlich bei Hawthorne auf keineswegs unaufdringliche Weise einzuschmeicheln beginnt. Wichtiger aber ist, daß Melville den verehrten Kollegen beherzt auf eine Stufe mit Shakespeare stellt und sogleich anfängt, sich weniger über Hawthorne als vielmehr über die Qualitäten Shakespeares und überhaupt über literarische Größe und Tiefe auszulassen. Indem Melville das tut, formuliert er theoretisierend, was er schon bald darauf mit seinem Romanmonstrum *Moby-Dick* praktisch umzusetzen versucht. „Doch ist es besser, auf eigenständige Weise zu scheitern, als erfolgreich nachzuahmen“, verkündet er: „Wer nie irgendwo gescheitert ist, der Mann kann kein Großer sein. Scheitern ist die wahre Probe auf Größe.“ Melville selbst macht sich in diesem Moment daran, ein

„Großer“ zu werden, und verabschiedet sich damit sehenden Auges von Erfolg und Anerkennung. Im „Applaus der Öffentlichkeit“ erkennt er ein „starkes präsumptives Indiz für das Mittelmaß“, und aller Mittelmäßigkeit entsagt er von nun an standhaft und konsequent. Die literarische Rücksichtslosigkeit, die Melville sich hier auf seine Fahnen schreibt und deren Verwirklichung im *Moby-Dick* aus dem früheren Erfolgsautor einen verhöhnten und verspotteten Mißerfolgler machen wird, verbietet offenbar auch alle weiteren literaturbetrieblichen Kleinaktivitäten, und so bleibt „Hawthorne und seine Moose“ Melvilles letzte öffentliche Wortmeldung in literarästhetischen Fragen – ein einzigartiger Text, der einer einzigartigen Situation entspringt, nämlich der Situation eines nach Höherem strebenden Nachwuchsschriftstellers, der unverhofft auf einen anerkannten literarischen Meister trifft, der ihm sehr gewogen ist und sein Streben auf vielfache Weise unterstützt.

Von dieser Unterstützung legen die erhaltenen Briefe Melvilles an Nathaniel Hawthorne und dessen Frau Sophia beredt Zeugnis ab – wenn auch leider nur indirekt. Zum Vollbild des Dialogs der beiden Schriftsteller fehlt die andere Seite. Hawthornes Briefe, die das Bild komplettieren würden, sind nicht erhalten und lediglich zum Teil in ihrem Sinngehalt aus Melvilles Schreiben zu erschließen. Ebenfalls leider nicht dokumentiert sind die persönlichen Begegnungen der beiden, die schon bald nach dem Kennenlernen Nachbarn werden. Am 14. November 1850 erwirbt Hawthorne mit Geld, das er sich von seinem Schwiegervater geliehen hat, eine Farm in der Nähe von Pittsfield, die er Arrowhead nennt. Sowohl in seinen Briefen als auch bei Besuchen schildert Melville dem Älteren den Fortgang der Arbeit an seinem Walfangroman, der sich allerdings unter den neuen Einflüssen, denen Melville nun ausgesetzt ist, in eine neue Richtung zu entwickeln scheint. Als der *Moby-Dick* schließlich im Herbst 1851 als Buch herauskommt, handelt es sich keineswegs um eine „Abenteuerromanze“. Gewidmet hat Melville den Roman Nathaniel Hawthorne: „Zum Zeichen meiner Bewunderung für sein Genie“.

Melville beläßt es aber in seinen Briefen keineswegs dabei, nur über seinen Walroman zu schreiben; auch andere literarische Projekte werden thematisiert. Am 13. August 1852 schickt er Hawthorne den Stoff zu etwas, was er sich als ideales Hawthorne-Werk vorstellen kann, ein Drama um Liebe, Verlust und ewige Zeiten des Wartens. Hawthorne scheint darauf nicht so recht angesprungen zu sein, und so kündigt Melville im Dezember 1852 (in seinem allerletzten erhaltenen Brief an Hawthorne) an, er werde die Erzählung nun doch selbst schreiben. Ob er dies getan hat oder nicht, gilt als ungeklärt. Es gibt Indizien dafür, daß Hawthorne im ersten Halbjahr 1853 eine Erzählung oder womöglich sogar einen Roman geschrieben hat, der *Isle of the Cross* überschrieben war; einiges scheint darauf hinzudeuten, daß er die Arbeit Ende Mai abschloß und im Juni 1853 seinem New Yorker Verleger vorlegte, der sie aber ablehnte, wohl aufgrund der Tatsache, daß die beiden vorherigen Bücher Melvilles (1851 der *Moby-Dick* und 1852 *Pierre*) bei Publikum und Kritik krasse Mißerfolge wurden. Wenn es das Manuskript *Isle of the Cross* jemals gegeben haben sollte, so hat es sich jedenfalls nicht erhalten. Eine andere Theorie besagt allerdings, daß es sich bei dem Manuskript, das Melville im Juni 1853 erfolglos seinem Verleger vorgelegt hat, um eine sehr viel kürzere Arbeit gehandelt habe, nämlich um die Erzählung „Die Norfolk-Insel und die Chola-Witwe“, die 1854 als Teil des Erzählzyklus *Encantadas* in *Putnam's Monthly Magazine* erschien. In dieser Erzählung lassen sich bei genauer Betrachtung etliche Elemente wiederfinden, die dem von Melville am 13. August 1852

Hawthorne gegenüber skizzierten Entwurf und den diesem Schreiben beigelegten Materialien entnommen sein könnten. In jedem Fall läßt sich beobachten, daß sich Melvilles Stil um diese Zeit – also nach Abschluß von *Pierre* – merklich verändert und dem schwermütigen und dunklen Symbolismus Hawthornes annähert, ob nun bewußt oder nicht.

Auf persönlicher Ebene geht in dieser Zeit allerdings gerade die vorherige Nähe zu Hawthorne verloren. Dieser ist schon im November 1851 aus Lenox weggezogen, da er die Winter auf dem Lande zu schlecht vertrug, und damit ist die Möglichkeit des persönlichen Umgangs dahin (Melville selbst wird seiner finanziellen Schwierigkeiten wegen 1863 Arrowhead verkaufen und nach New York ziehen). Nach dem Dezember 1852 ist keine Korrespondenz zwischen Melville und Hawthorne mehr nachweisbar. Ein letztes Mal begegnet sind die beiden Schriftsteller sich im November 1857 in England, wo Hawthorne inzwischen einen Posten bei der US-Botschaft bekleidet. Melville besucht ihn im Rahmen seiner halbjährigen Europa-Reise 1856/57 für drei Tage. Nach einer längeren Unterhaltung am Strand von Southport notiert Hawthorne sich in seinem Tagebuch einige dürre Zeilen, die andeuten, wie sehr ihn der rastlos um Fragen von Vorsehung und Vergeblichkeit kreisende grüblerische Geist Melvilles beunruhigt – das frühere wechselseitige Verständnis der beiden läßt sich nicht wiederbeleben. Einen weiteren Kontakt scheint es nicht gegeben zu haben. Hawthorne stirbt am 19. Mai 1864; es muß offen bleiben, ob Melvilles Gedicht „Monodie“ womöglich auf Hawthorne bezogen und von dessen frühem Tod veranlaßt ist.

*

Als Herman Melville 1891 stirbt, ist er so vergessen, daß die *New York Times* ihm nur einen 4-Zeilen-Nachruf gönnt, der Melvilles literarische Karriere in dem Satz zusammenfaßt: „Er war der Autor von *Taipi*, *Omu*, *Mobie Dick* und anderen Seefahrergeschichten, verfaßt in jüngeren Jahren." Tatsächlich hatte Melville in seinen „jüngeren Jahren" einigen Erfolg gehabt mit Büchern über seine Abenteuer in der Südsee, doch dann kamen dieser erfolgreichen Karriere seine weitergehenden literarischen Ambitionen ins Gehege – er wollte keine reinen „Seefahrergeschichten" mehr schreiben. Mittlerweile hatte er sich quer durch die Literaturgeschichte gelesen und wollte die Tragödienkunst Shakespeares und Goethes auf die Lebenswelt seiner Zeit übertragen. Diesen Anspruch löste er mit *Moby-Dick; oder: der Wal* ein, dem ersten genuin amerikanischen Meisterwerk der Literatur. Als solches war es seiner Zeit allerdings so sehr voraus, daß die Publikation Melville einen Karriereknick bescherte, von dem er sich nie erholte. Die zweite Hälfte seines Lebens verdämmerte er als Gescheiterter, mußte sich zum bescheidenen Lebensunterhalt einen Beamtenposten suchen und schrieb nur noch sporadisch Gedichte, die er auf eigene Kosten in Kleinstauflagen drucken ließ.

Erst lange nach seinem Tod, in den 1920er Jahren, wurde Melville wiederentdeckt und der *Moby-Dick* als Vorreiter der literarischen Moderne erkannt. Eben hatte James Joyce mit seinem *Ulysses* gezeigt, wozu der Roman fähig war, wenn man ihm erlaubte, sprachlich und formal alle Scheuklappen abzulegen und nach neuen Ausdrucksmöglichkeiten zu suchen. Tatsächlich sind der *Ulysses* und der *Moby-Dick* in vielerlei Hinsicht vergleichbar. Beide Romane bedienen sich auf vielfache Weise in der Literaturgeschichte; beide versuchen mit gewaltigem sprachlichen Aufwand, aber unter Beschränkung auf einen kleinen und scheinbar abseitigen Raum (bei Joyce ist es ein einziger Tag im Leben einer überschaubaren Stadt, bei Melville die noch kleinere Welt eines einsamen Walfangschiffes) eine Gesamtschau menschlichen Getriebes, die notwendigerweise zersplittern muß, weil die Lebenswirklichkeit der Moderne sich nicht mehr als widerspruchsfreier und harmonischer Kosmos gestalten läßt. Aber all das wagte und schaffte Melville bereits siebzig Jahre vor Joyce; er hätte Leser gebraucht, wie es sie vor Joyce nicht gab. Und auch heutigen Lesern verlangt Melville (wie Joyce) allerhand ab, manchen wohl zu viel.

Als Norbert Wehr, der Herausgeber der Literaturzeitschrift *Schreibheft*, 1991 zu Melvilles 100. Todestag eine Spezialnummer plante, wollte er darin zwei *Moby-Dick*-Kapitel in Neuübersetzungen abdrucken, die die gebrochene Modernität des Romans voll zur Geltung kommen lassen sollten. So kam ich ins Spiel. Als Übersetzer stand ich noch am Anfang meiner Karriere, hatte allerdings schon deutsche Fassungen später Joyce-Texte publiziert, die Wehr gefielen, drum bat er mich, es nun mit dem *Moby-Dick* zu versuchen. Dazu mußte er mich allerdings erst einmal überreden, denn ich hatte den Roman nie gelesen, kannte lediglich die klassische Verfilmung mit Gregory Peck und hielt den *Moby-Dick* irrigerweise für ein Abenteuerbuch. Die Lektüre korrigierte rasch mein Fehlurteil; ich geriet sofort in den Bann der schroffen, kompromißlosen und immer exzessiven Kunst Melvilles – des Originaltexts, heißt das. In vorliegenden deutschen Fassungen fand ich davon kaum etwas wieder; die Exzesse waren gezähmt worden, die brachialen Satzkonstruktionen in Schönschreiberei überführt, die Risse und Sprünge übertüncht. Hier hatte ich also eine Aufgabe; übersetzerisch war aus dem *Moby-Dick* viel mehr und anderes herauszuholen, als vorherige Übersetzer es getan hatten, und so ging ich ans Werk, zunächst nur für ein Kapitel.

Das Ergebnis meiner Bemühungen fand Zuspruch, und so folgte die Frage, ob ich nicht den ganzen Roman übersetzen wolle, nämlich für eine geplante neue Melville-Werkausgabe. Was hätte ich mir anderes wünschen können? Ich war ungefähr in dem Alter, in dem Melville selbst seinen Roman geschrieben hatte, wie Melville selbst konnte ich hoffen, mit dieser Gewaltarbeit zu Ruhm und Ansehen zu kommen. Der *Moby-Dick* faszinierte mich immer mehr, je weiter ich in das Buch eindrang, und so machte ich mich also an meine Übersetzerfron – auf vage verlegerische Zusagen hin, ohne Vertrag, in aller Anfängernaivität, ohne die bisweilen die besten Dinge nicht passieren würden. Irgendwann war ich tatsächlich fertig; irgendwann wurde mir die Übersetzung abgekauft, auch bezahlt und belobigt; publiziert wurde sie aber erst einmal nicht, es begann eine jahrelange Hängepartie, in deren Verlauf die ursprünglich bestallten Herausgeber der geplanten Melville-Ausgabe entnervt das Handtuch warfen. Schließlich wurde ein neuer Herausgeber gefunden, ein profunder Melville-Kenner, dem ich allerdings Melvilles Schroffheiten zu schroff, die Ungelenkheiten zu ungelenk, die betonte Uneleganz zu unelegant übersetzt hatte. Es wurde entschieden, meine Fassung von einem Übersetzerkollegen behutsam überarbeiten zu lassen, um die Exzesse zu kappen und Melville ein klein wenig mehr den Gepflogenheiten guten deutschen Stils anzupassen. Der mit der Überarbeitung beauftragte Kollege hatte allerdings wie alle Übersetzer seinen eigenen Kopf, und so kam bei der ‚behutsamen Anpassung' etwas heraus, was nicht mehr meine Übersetzung war – für ein solches Ergebnis war ich nicht angetreten. Folglich wurde ein Scheidungsvertrag aufgesetzt, die Überarbeitung kam als Neuübersetzung unter dem Namen des Bearbeiters auf den Markt und fand Anklang, ich selbst geriet in Gefahr, einen ebensolchen Karriereknick zu erleiden wie Melville 150 Jahre zuvor – beklagen hätte ich mich nicht können, hatte ich mich doch selbst durch mein Festhalten an sämtlichen Exzessen Melvilles in die Rolle dessen manövriert, der in den Feuilletons als „Deutschlands sturster Übersetzer“ geadelt wurde.

Aber ich hatte mehr Glück als Melville. Auch meine schroffe Fassung wurde (zunächst auszugsweise im ausnahmsweise weißen *Schreibheft*, dann in Buchform) publiziert, auch sie fand Anklang (nicht überall, aber das will sie auch nicht – eine exzessive Übersetzung braucht exzessive Leser, die anderen lesen andere Übersetzungen). Und der böseste aller Vorwürfe, nämlich der, meine Fassung sei „komplett unlesbar“, ist in dem Moment verstummt, in dem Christian Brückner seine epochale Komplettlesung vorlegte. Voller Achtung für Melvilles Text aus diesem herauszuholen, was irgend möglich ist – das war Leitgedanke sowohl bei der Übersetzung als auch bei der Lesung.

Kleine Notiz zu Melville und Joyce

Wie weit ist es von Melville zu Joyce? Um die 3000 Seemeilen. Dies ist die Distanz zwischen der Melville-Halbinsel und dem Joyce Country; erstere liegt in Nordostkanada, letzteres in Westirland. Zu weit für eine transatlantische Verbindung?

In der *transatlantic review* von Ford Madox Ford erschien im April 1924 ein erster Teil aus Joycens Spätwerk *Finnegans Wake*, das zu diesem Zeitpunkt noch *Work in Progress* hieß. Der in Fords Zeitschrift veröffentlichte Textabschnitt war das Kapitel „Mamalujo“, und darin findet sich seltsamerweise der Ausdruck „sinister dexterity“, der in Melvilles postum erschienenem Roman *Billy Budd, Sailor* die Ambivalenz von Gut und Böse bezeichnet[1].

Billy Budd erschien im selben Jahr wie Joycens „Mamalujo“-Kapitel, und was Joyce, den virtuosen Gestalter von Bewußtseinswelten und Erfinder des inneren Monologs, daran angezogen haben könnte, ist unschwer auszumachen: *Billy Budd* heißt im Untertitel „An Inside Narrative“. Es mag allerdings noch einen anderen Grund für Joycens Griff zu *Billy Budd* gegeben haben: Seine Pariser Verlegerin und Buchhändlerin Sylvia Beach hatte, als sie sieben Jahre zuvor ihre künftige Intimfreundin und Mitstreiterin Adrienne Monnier kennenlernte und mit ihr die amerikanische Literatur durchsprach, über allen anderen Büchern den *Moby-Dick*

---

[1] Vgl. Herman Melville, *Billy Budd, Foretopman*, in *Billy Budd & Other Stories* (Ware, Hertfordshire: Wordsworth 1998), S. 225-300, hier S. 234: „And yet, more likely, if satire it was in effect, it was hardly so by intention, for Billy, though happily endowed with the gaiety of high health, youth and a free heart, was yet by no means of a satirical turn. The will to it and the sinister dexterity were alike wanting. To deal in double meaning and insinuations of any sort was quite foreign to his nature.“

Melvilles gerühmt.[2] Man darf annehmen, daß Sylvia Beach *Billy Budd* sofort nach seinem Erscheinen in ihrer Buchhandlung (die gleichzeitig eine Art Leihbücherei war) vorrätig hatte und James Joyce mit Nachdruck auf dieses Buch aufmerksam machte. (Belegen läßt sich das allerdings nicht; Melville kommt im Briefwechsel Beach / Joyce ebensowenig vor wie in der übrigen Joyceschen Korrespondenz oder den einschlägigen Joyce-Biographien.)

Es entsprach Joycens Arbeitsmethoden, die Wendung von der „sinister dexterity“ als isolierten Sprachbaustein zu behandeln und entsprechend frei darüber zu verfügen; allerdings läßt sich nicht leugnen, daß er für die Placierung der Wendung in seinem Text eine Stelle auswählte, deren Kontext Melville durchaus angemessen scheint: es geht dort um eine von Begriffen der Nautik und des Meeres durchsetzte Szene. Eine deutsche Fassung der fraglichen Stelle liest sich so:

> Und so waren sie da, Palm in der flachen Hand, wie des Pulchrums Proculß, ihre Ohren überanrenkend, fluisterend und lauschend den Meeren von Küßtendem, mit ihren Augen den glützernden, alle vier, als er seine golldine Blawnde und Echtschönchen, eine Oscarschwester, auf der fünfzehnzölligen Liebesbank feste kniddelte und knuddelte und häselherzte [...], der alleinzigste ihrer Wahl, ihr Mußderäugslemnblau eines Mädchenfreunds, weder großgräßlich noch kleinfein, dann ihr so ziemlich alles bedeutend, mit seiner linken Rechtbehendlichkeit, leichts und rauhandhabenks, vicemversen ihre Rückbücks et assoccessetiams, vorn und achtern, an und abseitig, das braubebrühtige

[2] Vgl. Noel Riley Fitch, *Sylvia Beach and the Lost Generation. A History of Literary Paris in the Twenties and Thirties* (Harmondsworth: Penguin 1985), S. 33.

> Sexfutßende, handsöhnlich und ansinnloch, was greifbarlich falsch und krallverflücht untauglich war, und er sie knuddelte und küsselte, tutifee Schamante, in ihrem Komplet von Maidienna Blau, mit einem Übertakel von Netz [...].[3]

Und das ist noch nicht alles – denn Joyce eignete sich nicht nur die „sinistre Dexterität" an (die ihm seinerseits späterhin geklaut wurde, nämlich von Arno Schmidt, der sie sinnigerweise in einer Erzählung namens „Die Wasserstraße" anbrachte[4]), sondern es finden sich in *Finnegans Wake* noch weitere Spuren von *Billy Budd*. Oft sind sie verschmolzen mit kryptischen Verweisen auf Buddha oder auf jenen irischen Soldaten Buckley, der einen russischen General erschoß, und deshalb nicht eindeutig zu identifizieren; zudem heißt eine *Finnegans-Wake*-Figur Butt, was die Komplikationen noch weiter erhöht; kaum

---

3 James Joyce, *Winnegans Fake. Aus dem Spätwerk*, hg. u. üb. v. Friedhelm Rathjen (Südwesthörn: Edition ReJoyce 2012), S. 117. – Die Originalquelle: James Joyce, *Finnegans Wake* (London: Faber 1975), S. 384: „And so there they were, with their palms in their hands, like the pulchrum's proculs, spraining their ears, luistening and listening to the oceans of kissening, with their eyes glistening, all the four, when he was kiddling and cuddling and bunnyhugging scrumptious his colleen bawn and dinkum belle, an oscar sister, on the fifteen inch loveseat [...], the onliest one of her choice, her bleaueyedeal of a girl's friend, neither bigugly nor smallnice, meaning pretty much everything to her then, with his sinister dexterity, light and rufthandling, vicemversem her ragbags et assaucyetiams, fore and aft, on and offsides, the brueburnt sexfutter, handson and huntsem, that was palpably wrong and bulbubly improper, and cuddling her and kissing her, tootyfay charmaunt, in her ensemble of maidenna blue, with an overdress of net".

4 Vgl. Arno Schmidt, „Die Wasserstraße", in Bargfelder Ausgabe, Bd. I/3 (Zürich: Haffmans 1987), S. 423-454, hier S. 429: „Und tasteten uns doch tatsächlich ab, die TAMPAX=Typen! Ja, ‹klopften›, mit sinistrer Dexterität."

zu leugnen ist aber der Anspielungswert etwa einer Passage im dritten Kapitel des II. *Wake*-Buches:

> Simply. As says the mug in the middle, nay brian nay noel, ney billy ney boney. [...] We want Bud. We want Bud Budderly. We want Bud Budderly boddily.[5]

Der Höhepunkt der *Billy-Budd*-Verwertung in *Finnegans Wake* – und gleichzeitig das stärkste Indiz dafür, daß Joyce von Melvilles Roman in der Tat mehr kannte als nur den Titel und die eine hervorstechende Wendung – findet sich aber doch noch woanders. Im ersten Kapitel des II. Buches gibt es einen beinahe ganzseitigen Absatz, der hier nur anzitiert sei:

> But, Sin Showpanza, could anybroddy which walked this world with eyes whiteopen have looked twinsomer than the kerl he left behind him? Candidatus, viridosus, aurilucens, sinelab? Of all the green heroes everwore coton breiches, the whitemost, the goldenest! How he stud theirs with himselfs mookst kevinly, and that anterevolitionary, the churchman childfather from tonsor's tuft to almonder's toes, a haggiography in duotrigesumy, son soptimost of sire sixtusks, of Mayaqueenies sign osure, hevnly buddhy time, inwreathed of his near cissies, a mickly dazzly eely oily with looiscurrals, a soulnetzer by zvesdals priestessd, their trail the tractive, and dem dandypanies knows de play of de eyelids, with his gamecox spurts and his smile likequid glue (the suessiest sourir ever weanling wore) [...].[6]

---

5 Joyce, *Finnegans Wake*, a.a.O., S. 337.

6 Ebd., S. 234

Adaline Glasheen[7] hat bereits angedeutet, daß diese Passage auf *Billy Budd* zurückgehen dürfte: Joyce ahmt parodistisch Melvilles Beschreibung seines Titelhelden nach. In diesem Zusammenhang werden auch die Obertöne der „hevnly buddhy time“, die für sich betrachtet eher eine reine Buddha-Anspielung zu sein scheint, besonders sinnreich.

Billy Budd ist ein Stotterer, und vielleicht ist es dies, was Joyce für die Einarbeitung in *Finnegans Wake* auf markante Weise gelegen kam. Der extrem gewitterfürchtige Joyce hat den Donner als Husten und Stottern Gottes zu einem der wichtigsten Leitmotive in *Finnegans Wake* gemacht. Stottern ist ein Weg zu jenen Wortdeformationen, die die Sprachstruktur des *Wake* bestimmen, und als Joyce die Nutzbarkeit von Lewis Carroll für sein Buch entdeckte und diese Entdeckung in einem Brief mitteilte, hob er besonders hervor, daß Carroll ein Stotterer gewesen sei[8]. In *Finnegans Wake* donnert es zehnmal, und zwar in Form von Bandwurmwörtern (deren erste neun jeweils genau hundert Buchstaben haben; das letzte hat

---

7 Vgl. Adaline Glasheen, *Third Census of Finnegans Wake. An Index of the Characters and Their Roles* (Berkeley: University of California Press 1977), S. 42 f. Dies ist, soweit ich sehe, bisher der einzige Hinweis auf einen möglichen Melville-Zusammenhang in der Joyce-Forschung. – Vgl. inzwischen auch Friedhelm Rathjen, „TOTALITY.ZIP: How Melville, Joyce, and Beckett Unzip the World“, Vortrag beim *XVIIIth International James Joyce Symposium* (Triest, Juni 2002); gedruckt in *Papers on Joyce* 10/11 (2004/05), S. 197-208, nachgedruckt in Friedhelm Rathjen, *Irish Company. Joyce & Beckett and more* (Scheeßel: Edition ReJoyce 2010), S. 121-130; deutschsprachige Fassung u.d.T. „ALLES.ZIP. Wie Melville, Joyce, und Beckett die Welt verpacken“ in Friedhelm Rathjen, *weder noch. Aufsätze zu Samuel Beckett* (Scheeßel: Edition ReJoyce 2005), S. 65-78; wieder im vorliegenden Band, S. 25-44.

8 Vgl. James Joyce, *Briefe II*, hg. v. Richard Ellmann, üb. v. Kurt Heinrich Hansen (Frankfurt a.M.: Suhrkamp 1970), S. 1144 (Brief von Joyce an Harriet Shaw Weaver v. 28.3.28).

sogar noch einen mehr); das drittletzte dieser Wörter scheint auch einen permutierten Budd zu enthalten: „Pappappapparrassannuaragheallachnatullaghmonganmacmacmacwhackfalltherdebblenonthe<u>dubb</u>landaddydoodled“[9].

[9] Joyce, *Finnegans Wake*, a.a.O., S. 332 (meine Unterstreichung).

ALLES.ZIP
Wie Melville, Joyce und Beckett die Welt verpacken

Im Zeitalter der Moderne haben es das rapide anwachsende Wissen über die Welt und die Komplexität dieses Wissens unmöglich gemacht, die Welt als ganze (oder auch nur eine ganze Welt) in einem Erzähltext darzustellen. Jeder Autor, der den Versuch unternahm, einen Erzähltext von der Länge eines (und sei es dicken) Buches zu schreiben, mußte auf die eine oder andere Weise die Komplexität der Welt in ihrer Gesamtheit reduzieren, bevor er hoffen konnte, in nennenswertem Umfang Teile dieser Welt in Kunst zu überführen. Ich möchte im folgenden drei mögliche Ansätze vorstellen, wie sich die Komplexität der Welt in Erzähltexten der Moderne reduzieren läßt, und diese Ansätze mit Texten von Melville, Joyce und Beckett illustrieren.

1. **Radikale Subjektivität durch perspektivische Verengung auf das Ich – was freilich in die paradoxe Erkenntnis mündet, daß dieses Ich, die innere Welt, sogar noch komplexer ist als die Außenwelt.**

Das erste Kapitel von Herman Melvilles *Moby-Dick* beginnt mit einem Satz, der die Subjektivität des Erzählers unmißverständlich unterstreicht: „Call me Ishmael."[1] Das soll heißen: ‚Ich bin ein Mensch mit einem Namen, der mich als Individuum ausweist, und alles, was ich euch erzählen werde, erzähle ich von meinem persönlichen Standpunkt aus.' Ironischerweise ist aber gerade dies

[1] Herman Melville, *Moby-Dick or The Whale* (Evanston, Chicago: Northwestern University Press / Newberry Library 1988), S. 3.

etwas, was Melvilles Erzähler *nicht* macht; tatsächlich sind der Erzähler und seine individuelle Perspektive über weite Strecken des Romans gänzlich ohne erkennbare Bedeutung, und Melville läßt uns seinen Erzähler sogar viele Dinge mitteilen, von denen dieser nach den Regeln narrativer Wahrscheinlichkeit gar nichts wissen kann.

Der Erzähler und seine Perspektive beginnen schon im ersten Absatz des eigentlichen Romans auseinanderzufallen. Nachdem er uns aufgefordert hat, ihn Ishmael zu nennen, fährt der Erzähler fort:

> Some years ago – never mind how long precisely – having little or no money in my purse, and nothing particular to interest me on shore, I thought I would sail a little and see the watery part of the world. It is a way I have of driving off the spleen, and regulating the circulation. Whenever I find myself growing grim about the mouth; whenever it is a damp, drizzly November in my soul; whenever I find myself involuntarily pausing before coffin warehouses, and bringing up the rear of every funeral I meet; and especially whenever my hypos get such an upper hand of me, that it requires a strong moral principle to prevent me from deliberately stepping into the street, and methodically knocking people's hats off – then, I account it high time to get to sea as soon as I can.[2]

Die Ich-Perspektive beginnt in eine parataktische Satzstruktur zu zerfallen, und genau darin drückt sich die Tatsache aus, daß die Welt, von der das Ich umgeben ist, von einem wohlgeordneten Universum zu einer fast beliebigen und zufälligen Anhäufung bloßer Details zerfällt. Von nun an wird der Kopf des Erzählers Informationen sortieren, indem er einfach verschiedene Dinge nachein-

---

[2] Ebd.

ander aufzählt – indem er eine Sache nach der anderen benennt, ohne vorzugeben, er durchdringe den genauen Zusammenhang zwischen diesen Dingen. Melvilles syntaktische Strukturen zerfallen in parataktische Aufzählungen von Fragmenten, weil sich die Welt in perfekt ausgeformten Sätzen nicht mehr darstellen läßt.

Wie Melville beginnt auch Joyce, indem er (in dem Erzählungsband *Dubliners*) die Welt aus der Perspektive eines Ich-Erzählers wiedergibt; diese Ich-Perspektive gibt er allerdings schnell wieder auf. Diese Tendenz wird von Stephen Dedalus (der kein Ich-Erzähler ist, der aber doch als personale und sehr subjektive Brechung die Perspektive eines Er-Erzählers bestimmt) in *A Portrait of the Artist as a Young Man* folgendermaßen erläutert:

> The narrative is no longer purely personal. The personality of the artist passes into the narration itself, flowing round and round the persons and the action like a vital sea. This progress you will see easily in that Old English ballad *Turpin Hero* which begins in the first person and ends in the third person.[3]

Der Künstler, der Personen und Handlungen „umspült", ist ein Künstler, der alles in seinem Buch bestimmt und umfaßt: alles wird aus einer ganz und gar personalen Perspektive heraus entworfen und erzählt – die natürlich nicht die Perspektive des Autors ist, sondern die Perspektive der Erzählstimme, und dies selbst dann, wenn diese Stimme (wie diejenige Stephens im *Portrait*) strenggenommen nicht selbst der Erzähler ist. Dies ist eine Möglichkeit, einen Ausweg aus der Komplexität der modernen Welt zu finden: wenn der Erzähler alles aus seiner eigenen Perspektive erzählt, so ist es ihm naturgemäß erlaubt,

---

[3] James Joyce, *A Portrait of the Artist as a Young Man* (New York: Viking Press 1964), S. 215.

die Welt nicht in der Komplexität zu erzählen, die ihr tatsächlich innewohnt (und die den Zugriff und das Verständnis jedes einzelnen übersteigt), sondern in der vereinfachten und fragmentarischen Gestalt, in der sie von jedem Individuum stets wahrgenommen und erfahren wird. Um diesen Prozeß der Vereinfachung und Fragmentierung noch zu unterstreichen, erfindet Joyce im *Ulysses* dann die Technik des inneren Monologs – dieser ist ein Mittel, den Erzählprozeß wiederum auf die extrem subjektive Perspektive eines Ich zu reduzieren. Die Vereinfachung bedeutet Vereinheitlichung, doch gleichzeitig bedeutet die Fragmentarisierung, daß die erzählte Welt der integrativen Ich-Perspektive zum Trotz wiederum auseinanderfällt: im *Ulysses* beschwört eine subjektive Sichtwiese die andere herauf, und die Relation unterschiedlicher Perspektiven subjektiver Prägung zueinander muß irgendwie definiert und organisiert werden.

In den Texten Samuel Becketts ist die Ich-Erzählperspektive sogar noch wichtiger als in den Texten von Melville und Joyce. Die künstlerisch bedeutsamste Errungenschaft in der Entwicklung von Becketts Erzählkunst ist der Wechsel von der Er- zur Ich-Erzählung, der in der zweiten Hälfte der 40er Jahre seine Texte ergreift. Auch in diesem Fall freilich simplifiziert die Entscheidung, die Welt auf das zu reduzieren, was das Ich davon wahrnimmt, den Erzählvorgang nicht hinreichend, um alle Schwierigkeiten auszuschließen. Becketts Erzählung „First Love“ setzt mit der ersten Person und der Wahrnehmung der Welt durch das Ich ein, doch diese Wahrnehmung ist von Zweifel ebenso gekennzeichnet wie von dem Wissen, daß die Welt jenseits des eigenen Zugriffs wohl sehr viel komplexer sein muß:

> I associate, rightly or wrongly, my marriage with the death of my father, in time. That other links exist, on

> other levels, between these two affairs, is not impossible. I have enough trouble as it is in trying to say what I think I know.[4]

Diese ausgesprochen grundlegende Beckettsche Sprachgeste – nämlich „Ich“ zu sagen und die Welt auf einfache Feststellungen zu reduzieren, während das Ich sich seiner selbst und der trivialsten Fakten seiner Welt gleichzeitig immer unsicherer wird – begegnet uns erneut im ersten Satz von *Molloy*, dem ersten Teil von Becketts Romantrilogie: „I am in my mother's room. It's I who live there now. I don't know how I got there."[5] Diese Sätze zeigen unmißverständlich, daß der Mangel an Wissen Teil der Erzählsituation des Ich ist, und dieser Mangel an Wissen (und an Orientierung in der Welt) wird im Verlauf von Becketts erzählerischem Werk immer bestimmender. Gleich in den allerersten Sätzen von *The Unnamable*, dem dritten und letzten Teil von Becketts Trilogie, wird unterstrichen, daß die Erzählstimme, obwohl es eine extrem subjektive Stimme ist, die sich nur auf sich selbst bezieht, die vorgeblich einfachsten Dinge der Welt aus ihrer Verfügungsgewalt verliert: „Where now? Why now? When now? Unquestioning. I, say I. Unbelieving. Questions, hypotheses, call them that."[6] Die simpelsten Fragen über sich selbst sind nun bereits zu komplex, um mit den geringsten Erfolgsaussichten abgehandelt werden zu können. Um die Komplexität der Welt erfolgreich reduzieren zu können, ist der Rückgriff auf andere erzählerische Tricks unabdingbar.

---

4 Samuel Beckett, „First Love", in *Collected Shorter Prosa 1945-1980* (London: Calder 1984), S. 1-19, hier S. 1.

5 Samuel Beckett, *Molloy*, in *The Beckett Trilogy* (London: Pan / Picador 1979), S. 7-162, hier S. 9.

6 Samuel Beckett, *The Unnamable*, ebd., S. 267.

2. **Flucht aus überkomplexem und überdeterminiertem Territorium (dem Ich, dem Zuhause, der modernen Gesellschaft) in die Räume des Unbekannten, des Neuen, des Trivialen – was freilich in die Notwendigkeit mündet, die Welt mit stetig beschleunigter Geschwindigkeit zu erkunden.**

Wie die Erzählstimme im Verlauf ihrer erfolglosen Versuche, in der Sphäre des Ich Zuflucht zu suchen, sehr schnell feststellen muß, rührt die Unmöglichkeit des Unterfangens, die Welt in den Griff zu bekommen, keineswegs von der großen Zahl an Weltdetails her, die das Individuum nicht kennt – Ursache dieser Unmöglichkeit ist vielmehr die Komplexität jener Weltdetails, die ihm sehr wohl bekannt sind, die es jedoch nicht versteht. Melvilles Ishmael zählt daher, nachdem er uns von seinen Problemen mit der Realität seiner eigenen Innenwelten erzählt hat, mehrere Gründe für seine Flucht in die Weite des Meeres und auf den engen Zufluchtsraum eines Walfangschiffs auf und schließt:

> By reason of these things, then, the whaling voyage was welcome; the great flood-gates of the wonder-world swung open, and in the wild conceits that swayed me to my purpose, two and two there floated into my inmost soul, endless processions of the whale, and, mid most of them all, one grand hooded phantom, like a snow hill in the air.[7]

An dieser Stelle, in den Schlußzeilen von Melvilles erstem Kapitel, kristallisiert sich ein neues Problem heraus, das sich dem Ich bei seinen Versuchen, die Welt in den Griff zu kriegen, stellt: ein spezielles Detail der

---

[7] Melville, *Moby-Dick*, a.a.O., S. 7.

Realität – der Wal – verwandelt sich in eine ganze Reihe von Einzelphänomenen, und das heißt, der Wal als vermeintliches Einzelphänomen wird wiederum zu einer kompletten Welt, die viel zu umfänglich ist, um damit umgehen zu können. Obwohl die Erzählwelt in *Moby-Dick* auf nichts weiter als ein Schiff als Schauplatz und eine Walfangreise als Handlung reduziert wird, wird diese Reise sehr schnell so allumfassend und komplex, wie es die Welt nur sein kann: aus der Walfangreise wird eine Fahrt einmal um die Welt, und aus dem Roman, der diese Fahrt beschreibt, wird ein Buch von 135 Kapiteln – es enthält gesonderte Kapitel über alle erdenkliche Phänomene der Welt. Auf seinem isolierten kleinen Walfangschiff entdeckt Melville sehr schnell riesige Mengen an Informationen, die irgendwie sortiert und erzählt werden müssen, damit die Leser das Buch überhaupt verstehen können.

Und das, was Melville in seinem Roman in den Griff bekommen und erzählend sortieren und organisieren muß, sind in der Tat *Informationen*, während es sich bei dem, was Joyce im *Ulysses* zu sortieren und organisieren hat, lediglich um *Wissen* handelt. Jede Informationstheorie trifft diese grundlegende Unterscheidung zwischen Information und Wissen: jemandem erzählen kann man alles Beliebige, doch jemand informieren (in Kenntnis setzen) kann man nur von dem, was er oder sie noch nicht weiß – Information ist Wissen, das für die darüber in Kenntnis gesetzte Person neu ist. Melville erzählt uns im *Moby-Dick* Dinge, die uns neu sind (kein einziger seiner ersten Leser war jemals auf einer Walfangreise gewesen oder kannte sich aus, was Wale und die komplizierten Methoden ihres Fangs betraf); Joyce hingegen erzählt uns etwas, was jeder Leser kennt. Wir sind mit dem, wovon Joyce im *Ulysses* erzählt, bestens vertraut: Alltagsleben auf den Straßen einer durchschnittlichen Stadt. Leopold Bloom geht aus dem Haus, um einem bestimmten Wissen (demjenigen vom Ehebruch seiner Frau) aus dem Weg zu gehen; das Problem liegt also nicht darin, daß viele Dinge unbekannt sind, sondern eher darin, daß bestimmte Dinge allzu bekannt sind. Bloom registriert, während er durch die Straßen Dublins läuft, aufmerksam unzählige Details, doch überall stößt er immer nur wieder auf seine eigenen Probleme.

Wie Bloom sind auch die Figuren Becketts unterwegs, sie befinden sich auf Wanderschaft. Becketts Ich-Erzähler sind aus ihrem Zuhause verstoßen, sie suchen von irgendwo oder irgendwas wegzukommen, doch die Geschwindigkeit, mit der sie sich bewegen, reduziert sich zusehends, bis sie sich schließlich kaum noch rühren können und im Dunkel auf dem Rücken liegen. Sollte eine Flucht vor dem Ich und anderen Dingen erfolgreich sein, so müßte das fliehende Individuum hingegen imstande sein, die Fliehgeschwindigkeit zusehends zu erhöhen, denn je mehr Dinge aus der unbekannten Welt man kennenlernt und begreift, desto schwieriger wird es, immer noch weitere weltliche Dinge zu finden, die einem unbekannt sind und die einen von den Problemen des Ich abzulenken vermögen.

Das durch die Welt streifende Ich ist auf die Freiheit aus, ganz von vorn beginnen zu können, eine Freiheit, die erst dann erlangt werden kann, wenn dieses Ich die überkomplexen Bürden der zusehends komplizierter werdenden Welt, die es (in Form materieller und immaterieller Besitztümer) mit sich herumschleppt, abwerfen kann. In Becketts Roman *The Unnamable* sehnt sich der Erzähler nach dieser Art von Freiheit, weiß aber genau, das sie erst erlangt werden kann, nachdem das Ich sich dem, was es als „Pensum“ bezeichnet, gestellt hat:

> Yes, I have a pensum to discharge, before I can be free, free to dribble, free to speak no more, listen no more, and I've forgotten what it is. There at last is a fair picture of my situation.[8]

Im vorherigen Roman *Malone Dies* hat der Erzähler versucht, eine Liste all seiner Besitztümer zu erstellen – das scheint eine recht simple Aufgabe zu sein, doch es gelingt Malone nie, sie hinter sich zu bringen. Zumindest einer der Gründe für dieses Unvermögen ist, daß Malone auf seiner Wanderschaft (was inzwischen heißt: auf den Streifzügen seines unsteten Verstandes) nicht mit jenem Tempo mithalten kann, in dem seine persönliche Welt wächst: „I disposed of things I loved but could no longer keep, because of new loves. And often I missed them. But I had hidden them so well that even I could never find them again."[9]

Obwohl Malone in seinem Unterfangen scheitert, hat er doch immerhin die allerletzte (und womöglich basalste) Methode entdeckt, die Komplexität der Welt zu reduzieren: die Entscheidung nämlich, alle kausalen oder sonstigen Zusammenhänge (die stets dazu neigen, die Dinge zusehends zu verkomplizieren) völlig zu ignorieren und statt dessen isolierte Weltfragmente einfach unverbunden aufzulisten.

3. **Reduktion des Erzählvorgangs auf die Katalogisierung zufälliger und willkürlicher Weltdetails unter Vernachlässigung der komplexen Wechselbeziehungen, die zwischen diesen Details bestehen mögen – was freilich in die paradoxe Erkenntnis mündet, daß, je mehr**

---

8 Samuel Beckett, *The Unnamable*, a.a.O., S. 284.

9 Samuel Beckett, *Malone Dies*, in *The Beckett Trilogy*, a.a.O., S. 163-264, hier S. 228.

> **man in die Detailaufzählung einschließt, in dieser Aufzählung doch stets nur um so mehr ausgespart scheint.**

In gewisser Hinsicht besteht Melvilles *Moby-Dick* zu großen Teilen aus bloßer Aufzählung: nachdem die Welt einmal auf den Gegenstand des Wals und seines Fangs reduziert ist, wollen Melville und sein Erzähler uns über diesen einzigen verbleibenden Gegenstand nun auch gleichsam alles erzählen, und das wiederum ist nur möglich, indem sie das Thema in etliche Unterthemen aufsplittern und diese Unterthemen eins nach dem anderen erzählen. So setzt rasch ein Prozeß ein, der ein endloser zu werden verspricht: wenn man dem Publikum eine Sache erzählt, bleiben immer ganz viele andere Dinge zu erzählen übrig. In Kapitel 55 seines Romans beispielsweise verbreitet sich Melville in eloquenten Worten über das Thema, das die Kapitelüberschrift verheißt: „Of the Monstrous Pictures of Whales."[10] Wenn es „monströse" Abbildungen gibt, dann müssen freilich auch andere existieren, die weniger „monströs" sind, folglich handelt Melville diese in Kapitel 56 ab: „Of the Less Erroneous Pictures of Whales, and the True Pictures of Whaling Scenes."[11] Auch das kann aber rechtens nicht das Ende von Melvilles Erörterung bildlicher Darstellungen des Wals sein, denn nun muß er natürlich auch noch die „true pictures" vom Walfang in ihrer ganzen verzweigten Vielfalt abhandeln, und das tut er in Kapitel 57 unter dem schönen Titel: „Of Whales in Paint; in Teeth; in Wood; in Sheet-Iron; in Stone; in Mountains; in Stars."[12]

An diesem Punkt fällt auf, daß Melville, obwohl er zu parataktischen Strukturen greift, um Listen sehr konkreter

---

[10] Melville, *Moby-Dick*, a.a.O., S. 260.
[11] Ebd., S. 265.
[12] Ebd., S. 269.

Phänomene zu erstellen, bisweilen doch der Tendenz erliegt, das Spezifische aus dem Blick zu verlieren und sich in Bekundungen allgemeinerer Natur zu ergehen. Zumindest teilweise resultiert dies daraus, daß Melville allumfassend zu sein versucht: in seinem Roman möchte er sein Thema in ganzer Totalität darstellen, und deswegen überführt er seine Aufzählungen und Inventarisierungen zuweilen in Systematisierungen, die einen Hang zur Generalisierung aufweisen. In seinem pseudowissenschaftlichen Kapitel „Cetology" beispielsweise versucht er, seinen komplexen Stoff auf folgende Weise in den Griff zu bekommen:

> Already we are boldly launched upon the deep; but soon we shall be lost in its unshored, harborless immensities. Ere that come to pass; ere the Pequod's weedy hull rolls side by side with the barnacled hulls of the leviathan; at the outset it is but well to attend to a matter almost indispensable to a thorough appreciative understanding of the more special leviathanic revelations and allusions of all sorts which are to follow.
>
> It is some systematized exhibition of the whale in his broad genera, that I would now fain put before you. Yet it is no easy task. The classification of the constituents of a chaos, nothing less is here essayed.[13]

Diese Passage illustriert ein spezielles Dilemma, das sich Melville im *Moby-Dick* immer wieder stellt: er möchte eine Geschichte erzählen, doch die Welt der Walfänger ist von so vielen seltsamen und unbekannten Dingen und Abläufen durchsetzt, allesamt „indispensable to a thorough appreciative understanding", daß Melville alle diese Dinge und Abläufe entweder „at the outset" erklären muß, also zu einem Zeitpunkt, da kein Leser versteht, warum er

---

[13] Ebd., S. 134.

dieses oder jenes Detail jetzt erfahren soll, oder aber die Erzählung in ihrem Fortgang ständig durch Erläuterungen unterbrochen werden muß. Die Probleme, mit denen Melville hier zu kämpfen hat, sind diejenigen der Sukzession, die Probleme der logischen Abfolge: selbst wenn man imstande ist, den Lesern *alles* über ein bestimmtes Thema mitzuteilen, bleibt doch die Frage, in welcher Reihenfolge das alles am besten abzuhandeln ist. Wenn Melville sich dafür entscheidet, einen allgemeinen Abriß irgendwelcher Abläufe oder Zusammenhänge zu geben, bevor in der Erzählung der Punkt erreicht ist, an dem die Leser diese Kenntnisse benötigen, dann muß Melville später aus seiner linearen Erzählung auf diese vorausgeschickten Erläuterungen zurückverweisen: „That whale of Stubb's so dearly purchased, was duly brought to the Pequod's side, where all those cutting and hoisting operations previously detailed, were regularly gone through."[14]

Je komplexer das System solcher Rück- und Vorausverweise wird, desto offensichtlicher wird auch, daß immer dann, wenn man eine lineare Erzählstruktur wählt, die Abfolge der Details, die den Lesern mitgeteilt werden müssen, zu einer endlosen Folge wird. Im Eingangssatz seines Kapitels 60 („The Line") beispielsweise hält Melville es für an der Zeit, ein bestimmtes Hilfsmittel der Waljagd zu erläutern:

> With reference to the whaling scene shortly to be described, as well as for the better understanding of all similar scenes elsewhere presented, I have here to speak of the magical, sometimes horrible whale-line.[15]

Im nächsten Kapitel („Stubb Kills a Whale") kann Melville mit seiner Erzählung fortfahren, muß diese jedoch

---

[14] Ebd., S. 415.
[15] Ebd., S. 278.

mit dem Eingangssatz von Kapitel 62 („The Dart") erneut unterbrechen: „A word concerning an incident in the last chapter."[16] An dieser Stelle wird der äußerst wichtige Lanzenwurf des Harpuniers in erklecklicher Detailbesessenheit erklärt, doch auch das reicht zum Verständnis noch nicht aus, denn das Zusammenspiel von Leine und Lanzenwurf wird man nicht begreifen können, wenn man nicht über ein weiteres technisches Detail Bescheid weiß. Melville fügt also ein weiteres Kapitel („The Crotch") an, das beginnt: „Out of the trunk, the branches grow; out of them, the twigs. So, in productive subjects, grow the chapters. / The crotch alluded to on a previous page deserves independent mention."[17] Auf diese Weise stößt Melville also einen Prozeß an, der im wahrsten Sinne des Wortes unendlich ist: jeder beliebige Gegenstand ist insofern „productive", als er zu irgendeinem anderen Gegenstand führt, der ebenfalls abgehandelt zu werden verdient.

James Joyce stößt im *Ulysses* (und später dann in *Finnegans Wake*) ebenfalls Prozesse an, die niemals enden: sein Roman besteht aus Aufzählungen und Auflistungen, deren fortschreitende Verlängerung nur dadurch gestoppt wurde, daß das Buch in Druck ging. Aus dem Stamm wachsen die Zweige, und aus den Joyceschen Aufzählungen erwachsen seine Textzugaben noch im Stadium der Fahnen- und Seitenkorrektur seines Romans. Am Ende treten an die Seite (oder gar an die Stelle) dieser Kataloge von Weltfragmenten Kataloge von Möglichkeiten, über Weltfragmente (und womöglich doch über die Welt insgesamt) zu sprechen. In *Finnegans Wake* radikalisiert Joyce diese Tendenz sogar noch weiter: hier stellt er die Fragmente der Welt nicht hintereinander, sondern quetscht sie gleich-

---

[16] Ebd., S. 287.
[17] Ebd., S. 289.

sam ineinander, und gleichzeitig quetscht er auch verschiedene Arten und Weisen, über die Welt zu sprechen, ineinander. Selbst in *Finnegans Wake* kann Joyce strenggenommen natürlich keine Totalität erreichen, doch er findet Möglichkeiten, Totalität zu simulieren, indem er Fragmente versammelt und miteinander vermengt.

Jedes Ganze besteht aus Teilen, aus Fragmenten, aus Spezifika, doch dies heißt leider nicht, daß wir schließlich ein Ganzes erhalten, indem wir die Spezifika in den Griff nehmen. Der Erzähler und Titelheld in Becketts *Molloy* stellt fest:

> For the particulars, if you are interested in particulars, there is no need to despair, you may scrabble on the right door, in the right way, in the end. It's not for the whole there seems to be no spell."[18]

Das Problem ist: sobald man einen Aspekt der Welt benennt, verliert man die Totalität aus dem Griff, und um wieder zu dieser Totalität zu gelangen, müßte man neben dem einen Aspekt der Welt auch noch *alle* anderen benennen, was natürlich unmöglich ist – es sei denn, man reduziert die Welt auf eine Darstellungsebene, auf der sämtliche Weltaspekte auf eine handhabbare Zahl von Möglichkeiten beschränkt sind. In gewisser Weise ist dies das Prinzip Becketts: indem er auf die Ebene ganz basaler (und banaler) Dinge und Kategorien zurückgeht, kann er nach Forschungs- und Versuchsfeldern Ausschau halten, auf denen sich alles auf eine geringe Palette von Möglichkeiten reduzieren läßt. Ein Beispiel sind die „twelve possibilites", die dem Titelhelden des Romans *Watt* an einer Stelle einfallen. Beckett zählt alle Möglichkeiten auf, die theoretisch denkbar sind, doch eben diese Qualität des rein Theoretischen markiert das ganze System als

---

[18] Beckett, *Molloy*, a.a.O., S. 27.

inadäquaten Ansatz, es mit der nichttheoretischen Welt aufnehmen zu wollen:

> Twelve possibilities occurred to Watt, in this connexion:
>
> 1. Mr. Knott was responsible for the arrangement, and knew that he was responsible for the arrangement, and knew that such an arrangement existed, and was content.
>
> [...]
>
> 12. Mr. Knott was not responsible for the arrangement, but knew who was responsible for the arrangement, but did not know that any such arrangement existed, and was content.[19]

Beckett beläßt es aber nicht bei einem Arrangement, das auf diese Weise zwar theoretisch möglich, praktisch jedoch absurd ist; er geht noch einen Schritt weiter. Nachdem er aufgelistet hat, was ein mehr als erschöpfender Katalog von Möglichkeiten ist, fügt er sogar noch hinzu: „Other possibilities occurred to Watt, in this connexion, but he put them aside, and quite out of his mind, as unworthy of serious consideration, for the time being."[20] Hier haben wir das Beckett-Prinzip, wenn es ein solches gibt – sein Prinzip, weiterzumachen angesichts der eingestandenen Unmöglichkeit, weiterzumachen: Beckett formt und inventarisiert Arenen aus Worten, kleine abgeschlossene Welten sozusagen, in denen er alle Möglichkeiten zu erschöpfen vermag – doch nachdem er dies getan hat, hält er Ausschau nach Methoden, noch weitere (unmögliche) Möglichkeiten zu finden, und entdeckt diese Methoden tatsächlich. Dieses Prinzip ist gleichsam in der Nußschale auszumachen in Becketts spätem dramatischen

---

[19] Samuel Beckett, *Watt* (London: Calder 1970), S. 86 f.

[20] Ebd., S. 87.

Skript *Quad*, einem pantomimischen Fernsehspiel um vier Gestalten, die nach einem perfekten und genau ausgetüftelten System eine Arena ablaufen. Beckett stellt sicher, daß in verschiedenerlei Hinsicht alle Möglichkeiten gegeben und erschöpft sind:

> Together all four complete their courses. [...] Unbroken movement. [...] Four possible solos all given. Six possible duos all given (two twice). Four possible trios all given twice. [...] All possible light combinations given. [...] All possible percussion combinations given. [...] All possible costume combinations given. [...] *Players* As alike in build as possible. [...] Sex indifferent.[21]

Beckett erfindet hier (wie auch anderswo) ein geschlossenes System in einem geschlossenen Raum, wo sich alles auf einige wenige Möglichkeiten reduziert, so daß Beckett auf dem Feld seiner Erfindung tatsächlich völlige Totalität erreichen kann. Zumindest scheint es so – doch dann plötzlich öffnet Beckett das ganze System wieder und widerspricht dem Gedanken an Totalität. Am Ende des *Quad*-Skripts, nachdem in jeder erdenklichen Hinsicht „all possibilities" als „given" gekennzeichnet wurden, lesen wir: „This original scenario [...] was followed in the Stuttgart production by a variation"[22]! Wo noch Raum für die Entwicklung neuer Varianten besteht, kann Totalität auch noch nicht wirklich erreicht sein.

Fassen wir unsere Funde zusammen:

Während Melville noch nach einer logischen Abfolge sucht, in der sich eine prinzipiell unendliche (und deshalb nach zufälligen oder willkürlichen Gesichtspunkten be-

---

[21] Samuel Beckett, *Quad*, in *The Complete Dramatic Works* (London: Faber 1986), S. 449-454, hier S. 451-453.

[22] Ebd., S. 453.

endete) Auflistung von Fragmenten, das heißt Weltspezifika, sinnvoll arrangieren läßt, versucht Joyce, im Sinne des Wortes erschöpfend zu sein, indem er alle möglichen Dinge in seine Romane aufnimmt. Natürlich kann er dies nicht wirklich im wortwörtlichen Sinne erreichen, und tatsächlich erschöpfend (und erschöpft) ist nur Beckett, weil er Umfang und Radius seiner Welt drastisch reduziert, bevor er alle Möglichkeiten zu katalogisieren beginnt. Beckett versucht in seinem Spätwerk sogar, seine Texte aus abstrakten Gedankenkonzepten statt aus willkürlichen Außenweltrelikten zu komponieren, weil sich nur durch Abstraktion irgendeine Art von Totalität erzielen läßt.

Totalität ist wie die Büchse der Pandora: sobald man sie einmal geöffnet hat, kann man nicht drauf hoffen, sie je wieder verschließen zu können. Der Joycesche Imperativ ist das „O tell me all" des Kapitels „Anna Livia Plurabelle" von *Finnegans Wake*, doch strenggenommen ist es gar nicht möglich, ‚alles' über irgend etwas zu erzählen, außer man sagt einfach ‚Alles', ‚All', ‚Das Ganze', ‚Kosmos' oder ‚Eins' – sobald man ‚zwei' hinzufügt, kommt man nicht mehr umhin, alle weiteren Zahlen (deren Reihe bekanntlich unendlich ist) hinzuzufügen; sobald man zu spezifizieren versucht, woraus das ‚Ganze' oder das ‚All' besteht, verliert man die Totalität aus dem Griff. Dies ist das fundamentale und unlösbare Problem aller integrativen Ansätze: sobald ein Prozeß der Integration einsetzt, entsteht auch ein Gegenprozeß der Desintegration.

Totalität ist nur möglich als ZIP-Datei: ALLES.ZIP sozusagen. Wer mit Computerjargon vertraut ist, der weiß, was das bedeutet: in einer (‚gepackten') ZIP-Datei ist zwar alles enthalten, aber es läßt sich nicht lesen, es sei denn, man entzippt (‚entpackt') die Datei. Sobald man die Welt entpackt, setzt auch der Drang ein, sie wieder einzupacken, alles wieder in die Büchse der Pandora zurückzutun – genau dies ist jedoch unmöglich.

Die einzigartige ästhetische Qualität von *Finnegans Wake* (einem Buch, das das Gegenteil der Beckettschen Reduktionen betreibt) liegt in der Art und Weise, wie dieses verzwickte Buch Totalität simuliert, obwohl Totalität auf die Joycesche, die nichtreduktionistische Weise eigentlich unerreichbar ist. Joyce macht hier zweierlei Gegenläufiges gleichzeitig, er reduziert *und* vervielfacht alles, indem er äußerst unterschiedliche (und sogar gegensätzliche) Dinge zur gleichen Zeit verbalisiert. Deshalb ist jeder und alles und jedes, jeder Ort und jede Zeit in *Finnegans Wake* gleichzeitig immer ein anderer, etwas anderes, ein anderer Ort und eine andere Zeit. Jedes Spezifikum ist gleichzeitig alles (oder scheint doch alles zu sein); Joyce macht durch sein Verfahren das Unmögliche möglich: „Putting Allspace in a Notshall."[23]

Eine Simulation von Totalität wird auch im *Moby-Dick* und im *Ulysses* versucht, doch stets durch ein Nacheinander, durch Sequenzen der Aufzählung. Wenn Joyce im *Ulysses* für jedes Kapitel eine spezielle ‚Kunst' und einen speziellen Schreibstil benutzt oder erfindet, so zielt auch dies auf Totalität, denn suggeriert wird, alle Künste und alle Schreibstile seien im *Ulysses* enthalten – was freilich natürlich nicht der Fall ist. Uns fällt ohne Schwierigkeiten immer noch eine ‚Kunst' oder eine Stillage ein, die im Joyceschen Text *nicht* vorkommt. Das gilt ebenso für den *Moby-Dick*, wo Melville versucht, aus der Perspektive äußerst unterschiedlicher Disziplinen oder Wissensgebiete etwas über den Wal zu sagen (der Wal in der Kunst, in der Geschichte, in der Bibel, in biologischer, juristischer, wirtschaftlicher Hinsicht und so weiter), und auf unterschiedlichste Sprechweisen zurückgreift (zeitgenössischer

---

[23] James Joyce, *Finnegans Wake* (London: Faber 1939), S. 455.

Jargon, quasi-philosophische Tiefschürfereien, das Pathos von Kirchenpredigten, Shakespearescher Blankvers, diverse Varianten von Pidgin- oder verderbtem Englisch und so weiter), doch trotz alledem könnte jeder Leser noch irgendwelche Wissensdisziplinen oder Stillagen benennen, die sich *nicht* in Melvilles Text finden lassen. Wenn man einmal anfängt, die Welt zu inventarisieren, indem man ein Phänomen nach dem anderen benennt, so wird man nie fertig werden. Der einzig mögliche Ausweg aus diesem Dilemma besteht darin, das Prinzip des Nacheinander zu durchbrechen und die Welt zu inventarisieren und zu katalogisieren, indem man alle Phänomene gleichzeitig benennt (oder suggeriert). In *Finnegans Wake* wird die Inventarisierung der Welt nicht durch irgendeine Art von logischer Abfolge zu einem Katalog gemacht, der irgendwo enden oder abbrechen müßte – die Inventarisierung ist hier prinzipiell unendlich, die komplette Welt wird in ein nie endendes Erzählwerk überführt.

Natürlich drängt sich der Eindruck, gleichsam alles sei in *Finnegans Wake* enthalten, zwar auf, ist aber nicht wirklich zutreffend: es fällt nicht schwer, etwas zu benennen, was *nicht* in dem Buch steht. Zu tun haben wir es aber zumindest mit der Simulation von Totalität, und dies sogar in einem solchen Maße, daß Leser, Forscher und Interpreten in unzähligen Fällen etwas im Joyceschen Text ‚gefunden' oder ‚entdeckt' haben, was – wie sich auf die eine oder andere Weise hat nachweisen lassen – Joyce gar nicht bekannt gewesen sein kann, als er das Buch (oder die jeweilige Passage) schrieb. Selbst *Finnegans Wake* also schafft es nicht, in Literatur Totalität zu schaffen, und selbst *Finnegans Wake* ist unvollständig; das Buch spielt sogar bisweilen mit Unvollständigkeit, indem es fragmentierte Wörter, Sätze oder Absätze zerschneidet, verkürzt oder übereinanderklebt. *Finnegans Wake* aber, dieser Roman, der das Problem der korrekten Abfolge löst, indem er das Nacheinander aufhebt und verschiedene Dinge gleichzeitig sagt und indem er den unvollständigen letzten Satz in den unvollständigen ersten Satz münden läßt, ist in gewisser Weise doch ein vollständiges Bild der Unvollständigkeit.

Und Beckett? Auch er läßt Schlußsätze sich auf Eingangssätze zurückbeziehen; auch er schreibt Texte, die kein Nacheinander entwickeln, sondern ein Immergleich beschreiben. Abbreviativ scheint er gelegentlich eine verdichtete Totalität zu erzielen, die nicht nur dem Melvilleschen, sondern auch dem Joyceschen Ansatz unerreichbar ist. Gleichzeitig kennzeichnet er freilich noch die reduziertesten, die nacktesten Figuren und Situationen und Abläufe als in sich gebrochen, widersprüchlich und fragmentarisch; selbst starrste Konstellation (wie die Umstände, unter denen die Gestalten von *Quad* durch die Arena laufen) werden von Beckett noch wieder aufgebrochen und als vorläufig, als ausschnitthaft, als veränderlich und veränderbar gekennzeichnet. Becketts Welten zielen gelegentlich auf ästhetische Vollkommenheit, tun dies freilich, indem sie sich selbst als fragmentarisch relativieren – man könnte behaupten, es seien doch eher unvollständige Bilder von Vollständigkeit und damit das Gegenteil dessen, was Joyce in *Finnegans Wake* macht. Beckett ist immer Teil und nie totalitär.

Fährendienste
Öffentliche Erinnerungen und Bekenntnisse eines selbstgerechten Übersetzers

Wenn der Übersetzer für ein Weilchen die Bücher Bücher sein läßt und unter Menschen geht, dann kann er was erleben. Dumme Fragen zum Beispiel. Wenn ich, nach meiner Beschäftigung befragt, zur Antwort gebe, ich sei gerade mit der Eindeutschung des *Moby-Dick* (oder wahlweise: der *Schatzinsel*, des *Huck Finn*) befaßt, dann kriege ich oft genug zu hören: „Wieso, ist das nicht schon übersetzt?" Meine Antwort fängt mit „doch, aber..." an, wobei im Moment gar nicht interessieren muß, wie sie weitergeht. Mich interessiert eher, woran das liegt, daß (zugegebenermaßen: von Laien) unwillkürlich unterstellt wird, einmal übersetzt sei genug. Für den englischen Satz ABC gibt es im Deutschen die Entsprechung XYZ, nicht mehr und nicht weniger: so lernt man es im schulischen Fremdsprachenunterricht. Wer in der Klausur den englischen Satz ABC als XQZ übersetzt, muß mit Punktabzug rechnen. Dabei gibt es *nie* nur eine Lösung.

„Wieso, ist das nicht schon übersetzt?" Es ist immer leicht, sich über dumme Fragen von Laien zu amüsieren. Weniger amüsant ist es, wenn professionelle Leser (recte: Kritiker) ebenso dumme Fragen stellen und sie sich noch dümmer selbst beantworten – das ist leider die Regel. In Deutschland wird das literarische Übersetzen auf einem ausgesprochen hohen Niveau betrieben, und durchaus hoch ist auch das Niveau der Übersetzungswissenschaft (was nicht unbedingt heißt, daß der Praktiker des Übersetzens sich mit Theorien abzugeben hätte); erschreckend niedrig hingegen das Niveau, auf dem sich die Übersetzungskritik bewegt. Noch immer ist es keineswegs die Regel, daß die Rezensenten eingedeutschter Bücher überhaupt ein Wort zum Tatbestand der Übersetzung verlieren; tun sie es aber, so wird es oft grauslich platt. Die typische Übersetzungskritik (von den Ausnahmen, die es erfreulicherweise auch gibt, rede ich nicht) besteht aus einem einzigen (Neben-)Satz, der nichts anderes sagt als: dieses Buch ist gut / schlecht / miserabel übersetzt, punktum. Wenn der Originalautor als namhaft oder gar als schwierig gilt, fällt gelegentlich die Vokabel „kongenial", die ja wohl heißen soll: der Übersetzer geht mit der Sprache ebenso um wie der Autor. Hat, wer das behauptet, in den Originaltext hineingeschaut, oder woher weiß er, wie der Autor mit der Sprache umgeht? Gelegentlich kommt es vor, daß eine Eindeutschung gelobt wird mit der Feststellung, es handele sich um eine „elegante Übersetzung" – aber ist das in jedem Fall ein Lob? Was ist davon zu halten, wenn ein betont unelegantes Buch elegant übersetzt wird? Nichts ist davon zu halten. Nach den Kriterien, die ich an eine Übersetzung herantrage, ist die elegante Übersetzung eines uneleganten Textes (wie auch die sprachmächtige Übersetzung eines hingestotterten Textes oder die schillernde Übersetzung eines stumpfen, dumpfen Textes) eine schlechte Übersetzung: sie vergeht sich am Original. Den Satz „Ich seh dir in die Augen, Kleines!" kann man ausgesprochen gelungen finden, aber als Übersetzung des originalen „Here's lookin' at you, kid!" ist er völlig mißraten.

Wer die Qualität einer Übersetzung beurteilen will, muß also den Originaltext gesehen und geprüft haben. Leider ist das fast nie der Fall, was natürlich nicht nur am Kritiker liegen muß: vielleicht würde er ja gern Original und Übersetzung vergleichen, aber unter dem notorischen Termindruck und angesichts des kargen Lohns seiner Betätigung hat er dazu einfach nicht die Möglichkeit. (Verschweigen wir nicht, daß es gelegentlich Fälle gibt, wo sich das Original auch aus einer schlechten Übersetzung erschließen läßt: wenn in einem Text ein Haus mit zugemauerten Fenstern beschrieben wird und die Übersetzung eine „konkrete Tür“ erwähnt, dann darf ich durchaus vermuten, daß im Original wohl eine „concrete door“, eine zubetonierte Tür, gestanden hat, und wenn ein Chauffeur mit einer „verwässerten Limonade“ ankommt, dann weiß ich, eigentlich ist da von einer „stretch limo“ die Rede. So eindeutige Fälle sind freilich selten.) Also behilft sich der Kritiker damit, die Qualität des übersetzten Textes mit der Qualität der Übersetzung zu verwechseln: was sich gut liest, ist gut übersetzt.

Ist es aber nicht unbedingt. Nach meinem Verständnis gibt es für den Übersetzer nur eine einzige Richtschnur, und das ist der Originaltext: dessen Zustand gilt es so getreu wie möglich nachzubilden, und wenn der Zustand des Originaltextes ein irgendwie problematischer ist, muß diese Problematik in der Übersetzung erhalten bleiben. Jede Eigenart nicht nur inhaltlicher, sondern auch sprachlicher, stilistischer, formaler Natur ist zu bewahren, so gut es eben geht. Diese absolute Grundregel meines übersetzerischen Tuns hat eine Reihe von Folgen. Eine lautet: als Übersetzer darf ich keine eigene Sprache haben, sondern muß mich der Sprache des jeweiligen Autors, des jeweiligen Buches anverwandeln. (Wenn die Erzeugnisse eines Übersetzers alle ähnlich klingen, wie das bei fortschreitender Professionalität oft geschieht, dann ist das ein ganz schlechtes Zeichen.) Eine andere Folge ist: ich kann mich der Optimalleistung des Autors, den ich übersetze, immer nur annähern, kann diese nie übertreffen; Übersetzungen, die, wie gelegentlich zu hören, „besser als das Original“ sein sollen, sind in Wahrheit „schlechter“, weil sie das Optimum im Übertreffen verfehlen. (Autoren von eigenem Rang erweisen sich oft als problematische Übersetzer, weil es ihnen schwerfällt, als Diener eines anderen die eigene Statur zu verleugnen.)

Das, was an einem Text gut ist, soll der Übersetzer möglichst auch gut replizieren: diese Forderung ist banal, alle Kritiker unterschreiben das. Was an einem Text neu ist, soll der Übersetzer als Neuheit replizieren: das klingt ebenso banal, scheitert aber in der Praxis daran, daß nicht jeder Übersetzer sich traut, etwas Neues zu machen. (Die Beckett-Formulierung „the nothing new“[1] respektive „le rien de neuf“[2] hat der allseits gelobte Beckett-Übersetzer Elmar Tophoven in seinem ersten Versuch artikellos als „nichts Neues“[3], im zweiten Anlauf gequält als „das Nichts des Neuen“ eingedeutscht[4], sich aber geweigert, korrekt „das Nichts Neues“ zu übersetzen, weil das im Deutschen halt nicht möglich sei – dabei besteht doch Becketts Leistung gerade darin, im Englischen und im Französischen das Unmögliche möglich zu machen.) Und das, was an einem Text schlecht oder gar falsch ist, muß der Übersetzer richtig schlecht und richtig falsch replizieren.

Es hat einen Fall gegeben, in dem ein Lektor ein von mir eingereichtes Übersetzungsskript für völlig mißraten hielt. Das war insofern nicht ganz falsch, als mir in diesem Skript in der Tat eine ganze Reihe blöder Fehler unterlaufen war; um so erfreulicher ist es für einen Übersetzer, vor dem unsanften Aufprall am Boden des öffentlichen Verrisses durch das Sicherungsnetz des Lektorats bewahrt zu werden. Allerdings bezog sich die Kritik des besagten Lektors nicht nur auf punktuelle

---

1 Samuel Beckett, *Murphy* (London: Calder & Boyars 1963), S. 5.

2 Samuel Beckett, *Murphy*, üb. v. Samuel Beckett (Paris: Editions de Minuit 1965), S. 7.

3 Samuel Beckett, *Murphy*, üb. v. Elmar Tophoven (Hamburg: Rowohlt 1959), S. 5.

4 Samuel Beckett, *Murphy*, üb. v. Elmar Tophoven (Leipzig: Reclam 1990), S. 5. Diese Textfassung folgt der Suhrkamp-Werkausgabe, erschienen zuerst 1976.

Übersetzungsfehler, wie sie jedem unterlaufen, sondern mehr noch auf die immer etwas kantige, umständliche und spröde Sprache, die ich dem Werk hatte angedeihen lassen. Es ging um einen Roman, der in den frühen 70er Jahren in der irischen Provinz spielt – derlei paßt allerdings mit der geschniegelten metropolitanen Eloquenz heutiger Zeitläufte nicht recht zusammen. So fand sich unter anderem in meiner Übersetzung der Satz: „Wem gehören die Kühe denn eigentlich überhaupt?“ Ich kenne wenige Lektoren, die aus einem solchen Satz nicht sofort mindestens ein, vielleicht besser zwei Wörtchen rausstreichen würden; „denn eigentlich überhaupt“: das ist in der Tat etwas arg holperig. Nun steht aber im Original: „Whose are they at all, at all?“[5] Man sieht, auch hier findet eine gegen sämtliche Gesetze von Ökonomie und rhetorischer Glätte verstoßende Doppelung statt, und nach meinen übersetzerischen Grundsätzen kam deswegen gar nichts anderes in Frage, als darauf ebenfalls mit einer Doppelung zu reagieren. Daß dabei ein ausgesprochen schlechter Sprachstil herausgekommen ist, ist mir nicht nur klar, sondern ja gerade die Absicht. Ausgesprochen mißlich ist es, für derlei Intentionen auf Verständnis hoffen zu wollen: das gibt es selten. Um so größer war meine Freude, als nach Erscheinen der „mißratenen“ Übersetzung Barbara v. Becker in der *taz* bemerkte, der Autor erzähle seinen Roman „in oft rauh-flapsiger, stilistisch bewußt ungelenker Sprache mit viel Sinn für spröden Humor“[6]. Da hatte jemand verstanden!

---

[5] Tom Murphy, *The Seduction of Morality* (London: Abacus 1995), S. 36.

[6] Barbara v. Becker, „Ein Callgirl aus Amerika. Sturschädel unter sich: Tom Murphys ‚Die Verführung der Moral‘ versammelt das obligatorische irischer Personal von Trinkern und Rotznasen“, in *die tageszeitung* (22. Oktober 1998).

In der *Süddeutschen Zeitung* hingegen bemängelte H. G. Pflaum im selben Fall „einige syntaktische Konfusionen und terminologische Unschärfen“ der Übersetzung.[7] Mit den „Unschärfen“ meinte der als Experte für Irlandfragen auftretende Pflaum, daß in meiner Eindeutschung die „Gardaí“ und „Guards“ des Originals als „Gardisten“ und die „Tinker“ als „Kesselflicker“ bezeichnet werden, wiewohl ersteres einfache Polizisten und letzteres politisch korrekt „Fahrende“ sind. Mit anderen Worten: der Kritiker verlangte, die Übersetzung solle auf jeden Fall deutlich machen, was an einem möglicherweise mißverständlichen Punkt der Übersetzung gemeint und was alles vom unbewanderten Leser zu berücksichtigen sei. Einer solchen Auffassung möchte ich ganz entschieden widersprechen: bei Literatur und ihrer Übersetzung geht es *nie* darum, was gemeint ist, sondern immer darum, was gesagt wird – und das heißt: *wie* es gesagt wird. Auf gar keinen Fall hat der Übersetzer eines literarischen Textes (von Sachtexten rede ich gar nicht, denn da geht es um vollkommen andere Ziele) interpretierend, verdeutlichend, richtigstellend oder korrigierend in den Text einzugreifen: würde er das tun, so würde er damit den Text in seinem sprachlich-ästhetischen Sein verfälschen. Ich verlange deshalb dem Übersetzer ein gerüttelt Maß an Sturheit ab: er hat nicht abzuweichen von der Linie dessen, was der Quelltext ihm vorgibt. In einem meiner Aufsätze zur Übersetzung des Rätselwerkes *Finnegans Wake* von James Joyce habe ich deshalb sogar die (natürlich zugespitzte) These vertreten, ein guter Übersetzer dieses extremen Textes dürfe nichts verstehen, denn sobald er etwas vom Text verstehe, übersetze er nicht mehr den

[7] H. G. Pflaum, „Horrortrip im Imperial Hotel. ‚Die Verführung der Moral‘ – ein irischer Provinzroman“, in *Süddeutsche Zeitung* 32 (9. Februar 1999), S. 14.

Text in seiner ganzen Vielfalt, sondern nur noch sein eigenes (in diesem Fall notgedrungen sehr eingeschränktes) Verständnis und kehre alles unter den Tisch, was sich gegen das vereinnahmende Verstehen sträube.[8] Es geht also auch darum, daß der Übersetzer keine Hierarchie der Wichtigkeiten in einen Text hineinübersetzen soll: in einem literarischen Text sind Oberflächensinn, Aussageintention, sprachliche Gestalt, Semantik, Syntax, Klangstruktur und vielerlei andere ästhetische Phänomene als prinzipiell gleichrangig zu betrachten, und im Idealfall (der zugegebenermaßen selten eintritt) überträgt der Übersetzer alle diese Phänomene mit gleicher Sorgfalt in seine Zielsprache.

Nun kann man trefflich drüber streiten, was in einem Text denn wohl ein ästhetisches Phänomen sei und was nur unwillkürliche Begleiterscheinung desselben. Wenn ich die Klangstruktur eines Textes als ästhetisches Phänomen bis ins Detail ernst nehme, kann ich diesen Text gar nicht übersetzen, sondern nur noch abschreiben; wenn ich an der korrekten grammatischen Konstruktion eines komplizierteren englischen Satzes eisern festhalte, kommt in der deutschen Übersetzung ein Satz heraus, der unsern Regeln zufolge grammatisch falsch ist; wenn ich alle Konnotationen eines simplen quellsprachlichen Wortes in meine Übersetzung retten will, dann kann ich das womöglich nur in einer sehr komplizierten zielsprachlichen Begriffskombination schaffen, was aber wiederum der Forderung nach stilistischer, lexikalischer und phonetischer Äquivalenz zuwiderlaufen würde. Es kommen sich

---

8 Vgl. Friedhelm Rathjen, „Quadratur des Kreises. Zur Übersetzung von *Finnegans Wake* ins Deutsche", in *Griffel. Magazin für Literatur und Kritik* 1 (Juni 1995), S. 65-68, hier S. 66; erweiterter Nachdruck in Friedhelm Rathjen, *Quadratur des Kreises. Zum Übersetzen* (Scheeßel: Edition ReJoyce 2009), S. 127-139, hier S. 128 f.

also ständig die einzelnen Idealerfordernisse ins Gehege, und ich muß mich entweder für ein (immer überzogen wirkendes) Extrem oder für einen (stets faulen) Kompromiß entscheiden. Folglich stehe ich doch wieder vor der Notwendigkeit, entscheiden zu müssen, was mir an dem Text am wichtigsten und welche Einbuße mir am verschmerzbarsten scheint.

Eigentlich ist die Sache doch ganz einfach: der Übersetzer soll bloß die Sprache auswechseln, alles andere aber bewahren. Fragt sich nur: was gehört zur Sprache? Wenn im Englischen Partizipialkonstruktionen überaus häufig (und elegant zu handhaben) sind, im Deutschen aber selten vorkommen (und immer etwas umständlich klingen): heißt das dann, daß diese Konstruktionen grundsätzlich durch andere zu ersetzen sind? Wenn im Englischen oft und gern auf Shakespeare angespielt wird, im Deutschen häufiger auf Goethe: heißt das dann, daß der Übersetzer befugt (gar verpflichtet) ist, Shakespeare-Anspielungen durch Goethe-Zitate zu ersetzen? Wenn an den Rändern der englischen Sprache spezielle Sprachvarianten wie Pidgin oder Angloirisch oder der Jargon der versklavten Afroamerikaner entstanden sind, die es im Deutschen aufgrund der anders verlaufenen Kolonialgeschichte nicht gibt: heißt das dann, daß der Übersetzer solche Sprachfärbungen vollständig ignorieren (oder gar durch Gastarbeiterdeutsch, durch das Idiom der Rußlanddeutschen, durch vorhandene deutsche Dialekte ersetzen) muß? Die Grundsatzfrage, die hinter alldem lauert, ist die Altbekannte, die schon der gute alte Schleiermacher in das Gegensatzpaar von Einbürgerung und Verfremdung kleidete[9] (wobei Schleiermacher übrigens fürs Verfrem-

---

[9] Vgl. Friedrich Schleiermacher, „Ueber die verschiedenen Methoden des Uebersetzens“, in Hans Joachim Störig (Hg.), *Das Problem des Übersetzens* (Darmstadt: Wissenschaftliche Buchgesellschaft 1963),

den optierte): will ich den zu übersetzenden Text in meiner Übersetzung weitestmöglich in den deutschen Sprachraum integrieren (im Extremfall durch die Auswechslung von Namen, Realien, alltagskulturellen Anspielungen), oder will ich die Fremdheit unterstreichen, indem ich die Zielsprache weitestgehend den Strukturen der Quellsprache unterwerfe (notfalls auf Kosten der Lesbar- und Verständlichkeit)?

Kaum jemand wird sich jemals ganz zu einem dieser diametral gegensätzlichen Ziele bekennen; jeder Übersetzer sucht den Kompromiß. Das geht mir nicht anders. Ich versuche stets, irgendwie allen Facetten des Originals gerecht zu werden, möglichst eng an Lexik, Syntax und Zeichensetzung des Quelltextes zu bleiben und gleichzeitig einen Text zu generieren, der als deutscher Text vorstellbar ist und funktioniert. Ich bekenne, daß das im Rahmen der heute üblichen Gepflogenheiten eine Haltung ist, die weit enger an der distanzbetonenden als an der näheschaffenden Ideallinie liegt. Gerade bei ausgefallenen Sprachformen suche ich nicht nach vorhandenen deutschen Sprech- oder Schreibweisen, in die ich einen Text vollständig überführen könnte, sondern ich suche den Quelltext unter möglichst geringen Verlusten in eine deutsche Textexistenz zu verwandeln, die auf die Generierung neuer Sprechweisen hinausläuft. Dies gilt namentlich für den Umgang mit Dialekten, Soziolekten und anderen sprachlichen Besonderheiten: ob ich es nun mit einem Text in Lowland Scots (Robert Louis Stevensons „Thrawn Janet“), mit der extremen dialektalen Vielfalt des US-amerikanischen Mississippitals zur Mitte des 19. Jahrhunderts (Mark Twains *Huck Finn*) oder mit den Slang und Intellektualismen mischenden Abbreviaturen

---

S. 38-70 (ursprünglich ein Vortrag, gehalten vor der Königlichen Akademie der Wissenschaften in Berlin 1813).

Charles Olsons (in den *Mayan Letters*) zu tun habe, immer suche ich auf der Grundlage der deutschen Sprache möglichst präzis das nachzubilden, was in der Quellsprache vorhanden ist. Der Rückgriff auf vorhandene deutsche Dialekte scheint mir in aller Regel wenig hilfreich, denn Seeräuber in schwäbelnder Mundart oder plattdeutsch redende Schotten werden in aller Regel (und sehr zu recht) als Zumutung und unfreiwillig komisch empfunden.

Nun kann ich nicht verhehlen, daß die von mir geübte Praxis, da sie neue sprachliche Eigenheiten schafft und vorhandene Normierungszwänge ignoriert, zu einer gewissen Erschwerung der Lektüre führen kann: Übersetzungen, die dem Nivellierungssog der Zielsprache Widerstände entgegensetzen und gerade die Fremdheiten und Vielschichtigkeiten eines Textes zu betonen suchen, müssen auf den zielsprachlichen Leser tendenziell befremdlicher wirken, als dies der Originaltext auf den quellsprachlichen Leser tut. Insofern geht Robert Gernhardt gewiß nicht völlig fehl, der in der *Titanic* meine Eindeutschung des *Huckleberry Finn* als „Stacheldrahtverhau“ gebrandmarkt hat: „nun stolpert und strauchelt und stockt man beim Lesen [...], und es ist kein Vergnügen, sondern ein hartes Stück Arbeit, sich hindurchzukäm’f’n.“[10] Er sollte allerdings die Leserschaft auch nicht unterschätzen: mein seinerzeit 13jähriger, keineswegs sonderlich lesefreudiger Sohn las die Übersetzung auf einen Zug und mit großer Freude weg. Im übrigen kann man Gernhardt nur beipflichten, wenn er Anhängern gemäßigter Kost eine „solide Übersetzung aus dem Hanser Verlag“ empfiehlt.

---

[10] Hans Mentz [= Robert Gernhardt u.a.], „Rathjen übersetzt Twain“, in *Titanic* 3 (März 1998).

An solide gemäßigten Versionen ist auch im Falle des *Moby-Dick* kein Mangel, und eben dies hat meine Entscheidung, bei der Übersetzung dieses Brockens aufs Ganze zu gehen, durchaus befördert. Als Norbert Wehr mich 1990 fragte, ob ich – zunächst ausschnitthaft fürs *Schreibheft*, später komplett für eine projektierte Gesamtausgabe – Melvilles Meisterwerk übersetzen wollte, wußte ich darauf nicht gleich etwas zu sagen, denn ich kannte das Werk nur aus der zweifelhaften Verfilmung mit Gregory Peck in der Hauptrolle. Um zu sehen, welcher Spielraum einer Neuübersetzung blieb, verglich ich als allererstes das Original mit der besterreichbaren Übersetzung, nämlich der Fassung von Alice und Hans Seiffert. Diese Fassung, von etlichen Sachkundigen (und durchaus mit Gründen) für die bislang beste Eindeutschung gehalten, zeigte mir vor allem, wie ich es *nicht* machen wollte: die Seifferts haben die erratische, weitschweifige, oft ungelenke, in vielfacher Hinsicht inkonsistente, nach landläufigen Vorstellungen handwerklich völlig verkorkste Melvillesche Textur in einen einigermaßen homogenen, syntaktisch klaren, fast eleganten und dabei durchaus nicht simplifizierenden Sprachkörper verwandelt. Das ist keine kleine Leistung, eliminiert aber gerade das, was für mich die einzigartige Faszination des *Moby-Dick* ausmacht: der Roman ist (im Original) ein absolutes Unding, eine Monstrosität, ein Bastard. Glätte, Geschlossenheit, Stil: alles, was gemeinhin als Forderung an einen gutgeschriebenen Roman herangetragen wird, schien mir von Anfang an mit dem *Moby-Dick* gänzlich unvereinbar. Die Übersetzung dieses Romans mußte gewissermaßen von innen heraus erarbeitet werden: vom getreulich verzeichneten Detail, von den Brüchen, den Ungelenkheiten, den sprachlichen und formalen Inkonsistenten her. Ein solches Verfahren bot die einmalige Chance, einen deutschen *Moby-Dick* zu schaffen, wie es ihn noch nicht gab.

Es hat anderswo (gleichzeitig sogar) ähnliche Ansätze gegeben, in der von mir erstrebten Weise übersetzerisch mit Melville umzugehen. 1991 erschien im Verlag Gachnang & Springer das Tagebuch von Melvilles Europareise 1856/57; in der Nachbemerkung zu dieser Ausgabe rechtfertigt der Übersetzer und Herausgeber Daniel Göske seine Arbeitsweise:

> Melvilles eigenwillige Syntax und Zeichensetzung wurden weitgehend nachgebildet, uninteressante Schreibfehler dagegen stillschweigend korrigiert. Die Übersetzung versucht nicht, den Fragmentcharakter dieser Reisenotizen zu verleugnen, ihre oft dunkle und ungehobelte Sprache aufzuhellen oder zu glätten.

Und weiter:

> Leitgedanke bei der Übersetzungsarbeit war die Auffassung, daß der besondere Reiz dieses Textes bei aller ‚Modernität' des Autors für heutige Leser in seiner historischen Fremdheit, seinem unverwechselbar individuellen Profil, seiner kompromißlosen Eigenart liegt.[11]

Ich muß gestehen, daß ich Göskes Arbeit während meiner eigenen Übersetzungsfron noch nicht kannte, aber die Auffassung vom Text, die mich leitete, wäre kaum trefflicher zu charakterisieren als mit seinen Worten. Eigenwillig, dunkel, ungehobelt; fremd, kompromißlos, eigenartig: das sind alles Vokabeln, die für den *Moby-Dick* noch in ungleich höherem Maße gelten als für die Reisetagebücher.

---

[11] [Daniel Göske], „Ein Wort zur Übersetzung“, in Herman Melville, *Reisefresken dreier Brüder: Dichter, Maler, Müßiggänger. Tagebuch einer Reise nach Europa und in die Levante (1856/57)*, üb. u. hg. v. Daniel Göske (Bern u. Berlin: Gachnang & Springer 1991), S. 218.

Es hat im Rahmen der editorischen Bemühung um meine Übersetzung Versuche gegeben, meine Arbeit an der Textoberfläche und namentlich meine Orientierung an Syntax und Zeichensetzung als sklavisches Kleben am Original und als Versuch der Erstellung einer dysfunktionalen Interlinearversion zu diskreditieren. Nun mag man die Frage der Interpunktion für eine Petitesse von rein äußerlich-formalem Rang halten; gerade die Einstellung zu dieser Frage ist aber ausgesprochen symptomatisch, wenn es darum gehen soll, die gegenläufigen Auffassungen von der anzustrebenden Übersetzungsgestalt zu exemplifizieren. Im gleichen Zusammenhang, in dem mir vorgehalten wurde, die von mir praktizierte Nachbildung der Melvilleschen Interpunktion mache im Deutschen keinen Sinn, wurde eingeräumt, schon bei Melville selbst sei diese Interpunktion erratisch, meist sinnlos und oft sogar dysfunktional. Eben daraus folgt nun freilich für mich der logische Schluß, daß auch ich als Übersetzer in diesem Bereich erratisch, logisch inkonsequent und dysfunktional nicht nur sein kann, sondern sogar muß. Alles andere läuft auf eine Glättung der Textoberfläche hinaus.

Bei einem so extremen Text wie dem *Moby-Dick* ist es ausgesprochen leicht, in die Tophoven-Falle zu tappen und zu meinen, irgend etwas, was Melville da treibe, „gehe nicht“, sei im Deutschen „nicht möglich“, könne in der Übersetzung bloß durch irgendeinen Notbehelf „angedeutet“ werden oder müsse gar, wenn es sich um einen Defekt handele, „behutsam behoben“ werden. Im Interesse der Lesbarkeit ist das nicht unbedingt ganz falsch; angesichts der Tatsache, daß mehrere allzu lesbare deutsche Fassungen des *Moby-Dick* bereits vorliegen, vertrete ich aber in aller mir möglichen Entschiedenheit das gegenteilige Prinzip: alles geht, alles muß möglich gemacht werden, und nichts darf nur angedeutet werden –

im Gegenteil geht es darum, Fehler und Inkonsistenzen und Variationsbreiten im Zweifelsfall eher noch zu verstärken, als ausgleichende Ungerechtigkeit sozusagen. Wenn etwas falsch ist im Quelltext, dann muß es im Zieltext „richtig falsch“ nachgebildet werden (ich bediene mich hier einer Formel Fritz Senns[12], ohne ihn deswegen für irgend etwas verantwortlich machen zu wollen); wo im Original etwas inkonsequent ist, muß es in der Übersetzung richtig inkonsequent werden; wo in Melvilles englischem Text Dialekte, Fach- und Sondersprachen Farbe ins Spiel bringen, darf diese Farbe in meinem deutschen Text keineswegs nur blaß angedeutet, sondern muß richtig kräftig aufgetragen werden. Behutsamkeiten sind fehl am Platze; die Kunst des Nur-Andeutens ist eine schöne Kunst, die freilich im *Moby-Dick* wenig zu suchen hat, weil sie zu konturlosem Kompromißlertum führt. Dem Einwand, mit meinen unmotiviert kräftigen Pinselstrichen verwandele ich den *Moby-Dick* in eine Spielwiese für Manierismen und Idiosynkrasien vielerlei Art, kann ich nur entgegenhalten, daß der originale *Moby-Dick* unter anderem auch ein Meisterwerk der manieristischen Exzesse ist.

Was also sind das für Fehler, die auszubessern ich mich weigere? Ein simples und gleichzeitig sehr deutliches Beispiel ist das Kapitel 77, „The Great Heidelburgh Tun“, in dem Melville das Tranreservoire des Wals mit einem riesigen Weinfaß vergleicht: „as that of Heidelburgh was always replenished with the most excellent of the wines of the Rhenish valleys, so the tun of the whale contains by far the most precious of all his oily vintages“[13]. Natürlich

---

[12] Vgl. Fritz Senn, „Falsches richtig falsch“, in *Ü wie Übersetzen* 4.12 (Oktober 1994), S. 29-39.

[13] Herman Melville, *Moby-Dick or The Whale*, hg. v. Harrison Hayford, Hershel Parker u. G. Thomas Tanselle (Evanston / Chicago:

meint Melville mit „Heidelburgh" eigentlich Heidel*berg* – aber ich darf mich wiederholen: es geht mir beim Lesen wie beim Übersetzen von Literatur nicht um das, was *gemeint* ist, sondern um das, was *gesagt* wird. In der Entscheidung aller bisherigen deutschen Übersetzer, korrigierend das „große Heidelberger Faß" einzusetzen, sehe ich deswegen eine jener Normierungen, die ich unter allen Umständen vermeiden möchte. (Noch ärger treiben es übrigens Alice und Hans Seiffert, denen auffällt, daß Heidelberg ja gar nicht am Rhein liegt: sie bestücken Melvilles Text deshalb „mit den edelsten Weinen aus den Tälern von Rhein und Neckar"[14].) Was fehlerhaft ist, bleibt in meiner Fassung also fehlerhaft: das Kapitel heißt „Das große Heidelburger Faß"[15].

Einen ähnlichen Fall haben wir in dem Kapitel 33, „The Specksynder". Melville erläutert im Text den seltsamen titelgebenden Ausdruck als Lehnwort aus dem Holländischen: „Literally this word means Fat-Cutter"[16]. Tatsächlich heißt der holländische Begriff aber *Specksnijder*. In der ersten deutschen Komplettübersetzung des *Moby-Dick*, der Fassung Margarete Möckli von Seggerns, wird das halbherzig korrigiert, nämlich zu „Speksnyder", und die Kapitelüberschrift lautet „Der Speckschneider"[17]; in den späteren Übersetzungen finden sich die Varianten

---

Northwestern University Press / The Newberry Library 1988), S. 340.

[14] Alice u. Hans Seiffert (Üb.), *Moby Dick* von Herman Melville (Frankfurt a.M.: Insel ^{2}1987), S. 456.

[15] Friedhelm Rathjen (Üb.), *Moby-Dick; oder: Der Wal* von Herman Melville, hg. v. Norbert Wehr (Frankfurt a.M.: Zweitausendeins 2004), S. 480.

[16] Melville, *Moby-Dick or The Whale*, a.a.O., S. 146.

[17] [Margarete Möckli von Seggern] (Üb.), *Moby Dick oder Der weiße Wal* von Herman Melville (Frankfurt a.M.: Büchergilde Gutenberg 1954), S. 148.

„Speckschneider“[18] (Güttinger), „Specksnyder“[19] (Mutzenbecher / Schnabel, Seiffert), „Specksnijder“[20] (Mummendey) und „Speksnyder“[21] (Trausil), bei Jendis dann „Specksijnder“[22]. In meiner Neuübersetzung habe ich derlei korrigierende Eingriffe selbstverständlich unterlassen und die von Melville gebrauchte verderbte Variante wieder in ihr Recht eingesetzt: das Kapitel ist also „Der Specksynder“[23] überschrieben. Das ist für mich „richtig falsch“.

Diffiziler stellt sich das Problem der Werktreue, wo es nicht um „richtig“ oder „falsch“, sondern um Schieflagen, Inkonsistenzen, Holperigkeiten und Verstiegenheiten geht, zum Beispiel in grammatischer Hinsicht. Nach meinem Verständnis sollte es das Ziel des Übersetzers sein, auch das getreulich abzubilden. Nehmen wir den berühmten dritten Absatz des Kapitels 42 („The Whiteness of the Whale“), einen Absatz, der nur aus einem einzigen, durch etliche Semikola gegliederten, über anderthalb Seiten sich erstreckenden Satz besteht. Als sehr unaufdringliche Klammer um diesen Satz fungiert eine morphologische Spiegelung zwischen seinem Anfang und seinem Ende: zu Beginn wird als Thema des Satzes „whiteness“ benannt, ganz zum Schluß als Gegenpol auf

---

[18] Fritz Güttinger (Üb.), *Moby Dick* von Herman Melville (Zürich: Manesse 1944), S. 253.

[19] Thesi Mutzenbecher unter Mitwirkung von Ernst Schnabel (Üb.), *Moby Dick* von Herman Melville (Hamburg: Rowohlt 1956), S. 110; ebenso Alice u. Hans Seiffert (Üb.), *Moby Dick*, a.a.O., S. 209.

[20] Richard Mummendey (Üb.), *Moby Dick oder Der Wal* von Herman Melville (Stuttgart u. München: Deutscher Bücherbund o.J.), S. 176.

[21] Hans Trausil (Üb.), *Moby Dick* von Herman Melville (Stuttgart: Stuttgarter Hausbücher 1958), S. 137.

[22] Matthias Jendis (Üb.), *Moby Dick oder Der Wal* von Herman Melville (München: Hanser 2001), S. 246.

[23] Rathjen (Üb.), *Moby-Dick; oder: Der Wal*, a.a.O., S. 203.

„redness“ verwiesen[24]. Natürlich muß diese Klammer in der Übersetzung bestehen bleiben (in meiner Fassung tut sie es als „Weiße“ und „Röte“[25]), doch die vorliegenden Übersetzungen vernachlässigen diesen Aspekt vielfach (von Seggern: „Das Weiße“ / „das [...] Rot“[26]; Güttinger: „weiße Farbe“ / „Rot“[27]; Mutzenbacher und Schnabel: „Weiß“ / „Rot“[28]; Mummendey: „weiße Färbung“ / „rote Farbe“[29]; die Seifferts: „Weiß“ / „die Röte“[30]; Trausil: „weiße Farbe“ / „Rot“[31]; Jendis: „das Weiß“ / „jenes Rot“[32]), was recht symptomatisch ist, denn auf lautliche, morphologische und semantische Mikrostrukturen, die im alles verschlingenden Chaos des *Moby-Dick* überall vorhanden sind, haben die Übersetzer ausgesprochen selten geachtet.

Innerhalb der genannten Klammer aus „whiteness“ und „redness“ baut Melville dann repetitiv und interruptiv eine umständlich-langatmige Konstruktion auf, die er am Ende aber (und darauf beruht die Wirkung dieses Absatzes!) plump durchbricht und mit einem „falschen“ Anschluß beendet:

> Though in many natural objects, whiteness refiningly enhances beauty, as if imparting some special virtue of its own, as in marbles, japonicas, and pearls; and though [...]; even the barbaric, grand old kings of Pegu [...]; and the modern kings of Siam [...]; and the

---

24 Melville, *Moby-Dick or The Whale*, a.a.O., S. 188 f.

25 Rathjen (Üb.), *Moby-Dick; oder: Der Wal*, a.a.O., S. 265-267.

26 Möckli von Seggern (Üb.), *Moby Dick oder Der weiße Wal*, a.a.O., S. 191 f.

27 Güttinger (Üb.), *Moby Dick*, a.a.O., S. 323 f.

28 Mutzenbecher / Schnabel (Üb.), *Moby Dick*, a.a.O., S. 138 f.

29 Mummendey (Üb.), *Moby Dick oder Der Wal*, a.a.O., S. 220 f.

30 Alice u. Hans Seiffert (Üb.), *Moby Dick*, a.a.O., S. 262-264.

31 Trausil (Üb.), *Moby Dick*, a.a.O., S. 180 f.

32 Jendis (Üb.), *Moby Dick oder Der Wal*, a.a.O., S. 310-312.

> Hanoverian flag [...]; and though [...]; and though [...]; and though, besides all this, [...]; though [...]; though even [...]; and [...]; and though [...]; and though [...]; and though [...]; though [...]; yet for all these accumulated associations, with whatever is sweet, and honorable, and sublime, there yet lurks an elusive something in the innermost idea of this hue, which strikes more of panic to the soul than that redness which affrights in blood.[33]

Was machen die Übersetzer mit einem solchen Monstrum? Der erste, Wilhelm Strüver, macht mit dem ganzen wichtigen Kapitel das, was er mit vielen macht: er läßt es einfach weg. Von Seggern zerlegt den Absatz in 22 in grammatischer Hinsicht völlig unauffällige Einzelsätze; das repetitive Moment geht ganz verloren, der Bruch der Melvilleschen „yet" wird in eine glatte Fügung überführt („In all den erwähnten Fällen ist die weiße Farbe verbunden mit Vorstellungen von etwas Erhabenem und Ehrenwertem, und doch ist tief in der Idee ‚Weiß' etwas Trügerisches verborgen"[34]). Auch Güttinger zerlegt die Passage, und zwar in vierzehn Einzelsätze, die er variantenreich durch Begriffe wie „Außerdem", „Ferner", „Auch" strukturiert; das „yet" wird aufgelöst zu: „Alles das trifft freilich zu. Und doch [...]."[35] Mutzenbecher und Schnabel verwandeln den verschachtelten einen Satz in sechzehn schlichte Aussagesätze, markieren den Melvilleschen Bruch dabei durch einen Zweiwortsatz („Und dennoch!"[36]). Trausil macht aus Melvilles Satz wie Güttinger vierzehn stark variierte Einzelsätze und markiert den

---

33 Melville, *Moby-Dick or The Whale*, a.a.O., S. 188 f.

34 Möckli von Seggern (Üb.), *Moby Dick oder Der weiße Wal*, a.a.O., S. 192.

35 Güttinger (Üb.), *Moby Dick*, a.a.O., S. 323 f.

36 Mutzenbecher / Schnabel (Üb.), *Moby Dick*, a.a.O., S. 139.

Bruch durch eine immerhin leicht ungrammatische Fügung („Und dennoch, trotz all der vielfältigen Verbindungen [...], es lauert im Inbegriff dieser Farbe etwas unfaßbar Unheimliches“[37]). Mummendey hält am Melvilleschen Prinzip des einen langen Satzes fest, ahmt einigermaßen das verzögernde Moment nach, läßt aber den abschließenden Bruch syntaktisch sehr sanft ausfallen:

> Nun wird zwar bei vielen Gegenständen in der Natur eine weiße Färbung die Schönheit noch erhöhen [...]; und wenn manche Völker [...]; wenn die Flagge von Hannover [...]; wenn das große Kaiserreich Österreich [...]; wenn auch [...]; wenn überdies [...]; wenn auch [...]; wenn auch [...]; wenn in manchen Gegenden [...]; wenn es sogar [...]; wenn auch [...]; wenn auch [...]; wenn auch [...]; wenn auch [...]; wenn auch [...] – so lieblich, ehrwürdig und erhaben alle diese Verbindungen auch sein mögen, etwas Unfaßbares ist im Inbegriff dieser Farbe verborgen, das unsere Seele mehr in Schrecken versetzt als die beängstigende rote Farbe des Blutes.[38]

Die Seifferts bemühen sich ebenfalls, den einen langen Satz zu bewahren, standardisieren dabei freilich die Melvilleschen Anschlußvarianten und federn wiederum den Bruch ab:

> Obwohl Weiß in der Natur die Schönheit vieler Dinge adelt [...]; obwohl verschiedene Völker [...]; und obwohl [...]; obwohl, von alldem abgesehen, [...]; und obwohl [...]; obwohl [...]; obwohl [...]; obwohl [...]; und obwohl [...]; obwohl [...]; und obwohl [...] – trotz

---

[37] Trausil (Üb.), *Moby Dick*, a.a.O., S. 181.

[38] Mummendey (Üb.), *Moby Dick oder Der Wal*, a.a.O., S. 220 f.

> dieser tausend Verbindungen [...] lauert dennoch etwas schemenhaft Unfaßbares im tiefsten Sinn dieser Färbung, das die Seele mit panischen Schrecken überfällt, grausiger als die Röte des Blutes.[39]

Auch Jendis beläßt den Satz in seiner originalen ausschweifenden Länge, ersetzt freilich einige der Melvilleschen Semikola durch Gedankenstriche, um die lange Periode syntaktisch zu hierarchisieren, und einen dieser Gedankenstriche setzt auch er vor die syntaktische Sollbruchstelle, die er mit der Wendung „trotz all der hier aufgehäuften Anklänge [...]“[40] markiert. Natürlich habe ich in meiner Fassung wiederum versucht, die spröde Entwicklung, die der Langsatz bei Melville nimmt, so getreu wie möglich nachzuahmen; und natürlich ist bei mir (wie bei Melville) der abschließende Bruch nicht geglättet und nicht durch Hilfsmaßnahmen der Zeichensetzung flankiert, sondern unabgefedert ins Werk gesetzt:

> Obschon die Weiße bei vielen natürlichen Gegenständen auf raffinierte Weise die Schönheit veredelt [...]; und obschon verschiedene Völker [...]; sogar die barbarischen, großen alten Könige von Pegu [...]; und die modernen Könige von Siam [...]; und die hannoveranische Flagge [...]; und das große österreichische Kaiserreich [...]; und obschon [...]; und obschon, neben alledem, [...]; obschon [...]; obschon [...]; obschon [...]; von den persischen Feueranbetern [...]; und in der griechischen Mythologie [...]; und obschon [...]; und obschon [...]; und obschon [...]; obschon [...]; und doch, trotz all dieser aufgehäuften Verknüpfungen mit allem, das süß und ehrwürdig und erhaben ist, lauert da doch zuunterst in der Vorstellung von diesem Farbtone

---

[39] Alice u. Hans Seiffert (Üb.), *Moby Dick*, a.a.O., S. 262-264.
[40] Jendis (Üb.), *Moby Dick oder Der Wal*, a.a.O., S. 312.

> ein unergründliches Etwas, welches der Seele grausigere Bestürzungen eingräbt als jene Röte, so am Blute entsetzt.[41]

Ein schreckliches Satzungetüm? Natürlich – das soll es sein, schließlich geht es hier um die Schrecken der Farbe Weiß und schließlich ist der Satz schon in der Melvilleschen Vorlage, die ich als bindend betrachte, von kaum zu überbietender Monstrosität.

Die Erzählrede Melvilles ist ungeheuer vielfältig, vielfach inkonsistent, kenntnis- und anspielungsreich, aber im Vortrag durchaus nicht immer souverän, streckenweise um stilistische Finessen und verbale Eloquenz bemüht, dabei aber keineswegs immer stilsicher und nie wirklich elegant, sondern über weite Strecken eher holzschnitthaft, verstiegen und verquer – das alles gehört, ob nun intendiert oder nicht, zur gewaltigen Leistung Melvilles und sollte in einer Übersetzung so getreu wie irgend möglich repliziert werden. Den differenzierten Erzählmodi tritt dann aber auch noch die ausgesprochen facettenreiche Figurenrede hinzu, die es ebenfalls ohne Nivellierung in die Zielsprache zu überführen gilt. Ein Extremfall ist dabei der Sprechduktus von Queequeg, der so redet, wie er heißt: sehr ie-lastig und extrem schräg. Gleich im dritten Kapitel hat er seinen großen Auftritt, als er den Erzähler Ishmael unter seiner Bettdecke findet und aufkreischt: „Speak-e! tell-ee me whoo-ee be, or dam-me, I kill-e!“[42] Bisherige Übersetzer haben dieses drastische Pidgin-Englisch allzu zivil und halbherzig übertragen oder sogar Zuflucht zu einem völlig unangemessenen Simpeldeutsch genommen (von Seggern: „Du sprechen, du mir

---

[41] Rathjen (Üb.), *Moby-Dick; oder: Der Wal*, a.a.O., S. 265-267.

[42] Melville, *Moby-Dick or The Whale*, a.a.O., S. 23.

sagen, wer du sein [...], oder ich dich töten!“[43]; Güttinger: „Sprich! Sag, wer du bist, verdammt, sonst mach ich dich kaputt!“[44]; Mutzenbecher und Schnabel: „Sag was-rr! Sag-rr wer du sein, sonst totschlag-rr!“[45]; Mummendey: „Du sprech – verdammt –, oder ich dich bring um“[46]; die Seifferts: „Du sprrech-i, verfluchch-i, sonst ich stech-i“[47]; Trausil: „Du nicht sachern – verrrdammerrr – ich dirrr machen kaputt“[48]; in der gekürzten deutschen Fassung von Johannes Ferdinand Wetzel lese ich: „Reden!! Du mir sagen, wer sein! ’Dammt! Du sonst toter Mann!“[49]; und bei Jendis: „Sprechen! Sagen wer sein, oder vadammt, ich dich totmachen!“[50]). Im Bewußtsein, daß Dialekte auch da, wo sie mit sprachlichen Insuffizienzen einhergehen, nie zur Verarmung, sondern immer zu einer Bereicherung der Grundsprache beitragen, habe ich die von Melville vorgegebene ie-Lastigkeit Queequegs in eine geschmeidig zu handhabende Redeweise zu überführen versucht: „Sprech-ier! zähl-ier mir weer-dir bist, oder damm-mir, ich mord-dir!“[51] Zur angestrebten Geschmeidigkeit und Beweglichkeit gehört es dann aber auch, daß da, wo Melville später im Kapitel 36 die ie-Lastigkeit des stammelnden Queequeg reduziert und den Unverständlichkeitsfaktor erhöht („And he have one, two, tree – oh! good many iron in him hide, too, Captain, [...] all twiske-tee be-

[43] Möckli von Seggern (Üb.), *Moby Dick oder Der weiße Wal*, a.a.O., S. 30.

[44] Güttinger (Üb.), *Moby Dick*, a.a.O., S. 61.

[45] Mutzenbecher / Schnabel (Üb.), *Moby Dick*, a.a.O., S. 24.

[46] Mummendey (Üb.), *Moby Dick oder Der Wal*, a.a.O., S. 51.

[47] Alice u. Hans Seiffert (Üb.), *Moby Dick*, a.a.O., S. 56.

[48] Trausil (Üb.), *Moby Dick*, a.a.O., S. 30.

[49] Johannes Ferdinand Wetzel (Üb.), *Moby Dick. Die Jagd nach dem weißen Wal* von Herman Melville (o.O.: Bertelsmann Lesering 1957), S. 20.

[50] Jendis (Üb.), *Moby Dick oder Der Wal*, a.a.O., S. 66.

[51] Rathjen (Üb.), *Moby-Dick; oder: Der Wal*, a.a.O., S. 34.

twisk, like him – him –“[52]), mein Zugriff in der Lage ist, diese Verschiebung semantisch, syntaktisch, lautlich und selbst im Schriftbild mitzuvollziehen: „Und er hab auch ein, zwei, drei – oh! gut viel Eisen in ihm steckt, Kapitän, [...] ganz tee-dreh trehdet, wie ihn – ihn –“[53].

Anhänger konventioneller Erzählverfahren müssen an dieser Stelle (sowohl bei der Lektüre des Originals wie auch beim Lesen meiner Fassung) schon heftig schlucken, denn gemeinhin gilt es als Verstoß gegen die elementarsten Regeln des Handwerks, wenn die Figurenrede inkonsistent gehandhabt wird. Melville steckt voller solcher Inkonsistenzen! Der unübertroffene Höhepunkt in dieser Hinsicht ist die Redeweise der Zentralfigur Ahab, die von Kapitel zu Kapitel und selbst innerhalb einzelner Kapitel extrem variiert. Es gibt Passagen, in denen Ahab sich der Slangsprache der einfachen Seeleute annähert (Kapitel 48: „Lower away, then; d'ye hear? [...] give way, all four boats“[54]); anderswo setzt er zu einem pathetischen, von repetitiven und chiastischen und anagrammatischen Mikrostrukturen durchwirkten Ton an (Kapitel 99: „So be it, then! Here's stout stuff for woe to work on. So be it, then.“[55]); in wieder anderen Passagen nähert er sich mit verkappten Blankversen dem Dramenduktus Shakespeares (Kapitel 37: „This lovely light, it lights not me; all loveliness is anguish to me, since I can ne'er enjoy“[56]), und eine weitere soziolektale Facette kommt durch seine Verwurzelung in der Gemeinschaft der Quäker ins Spiel (Kapitel 36: „But what's this long face about, Mr. Starbuck; wilt thou not chase the white whale? art not game for Moby

---

52 Melville, *Moby-Dick or The Whale*, a.a.O., S. 162.
53 Rathjen (Üb.), *Moby-Dick; oder: Der Wal*, a.a.O., S. 228.
54 Melville, *Moby-Dick or The Whale*, a.a.O., S. 218.
55 Ebd., S. 432.
56 Ebd., S. 167.

Dick?“[57]). Es ist einerseits verständlich, daß frühere Übersetzer versucht haben, hier Ordnung zu schaffen und die von Melville verwehrte eindimensionale Stimmigkeit der Figur nachträglich im Text zu installieren, indem sie Ahabs Figurenrede mehr oder weniger konsequent normierten. Für mich kommt das freilich einer groben Reduktion der sprachlichen Vielfalt des *Moby-Dick* gleich, die ich unter allen Umständen vermeiden wollte; auch die Eindampfung der Sprachvarianten auf einige wenige zaghafte Signale (mit dem Argument, es gebe im Deutschen nun mal keine Quäker-, keine Shakespeare- und keine Walfängersprache) entschärft den Text auf fahrlässige Weise. Deshalb habe ich mich bemüht, im Zweifelsfall eher zu kräftig als zu halbherzig in die Trickkiste zu greifen und mich namentlich nicht vor krausen und knorrigen, vor verstiegenen und versponnenen Lösungen zu scheuen. Mein Ahab spricht also mit voller Absicht immer mindestens ebenso befremdlich-polyphon und so sperrig-verdreht wie der des Originals: „Wegfieren also; verstanden? [...] und immer gib ihm, alle vier Boote.“[58] „So sei es denn! Hier steht ein starker Stoff für’s Weh, sein Werk zu wenden dran. So sei es denn.“[59] „Dies lieblich’ Licht, mir leuchtet’s nicht, all’ Lieblichkeit ist mir nur Pein, denn niemals kann genießen ich.“[60] „Aber was ziehest du für ein langes Gesicht, Mr. Starbuck; wollest den weißen Wal nicht jagen? keinen Mumm für Moby Dick?“[61]

Ich könnte naturgemäß ohne Ende weitere Beispiele aufführen für das, was ich in meiner *Moby-Dick*-Überset-

---

[57] Ebd., S. 163.
[58] Rathjen (Üb.), *Moby-Dick; oder: Der Wal*, a.a.O., S. 308.
[59] Ebd., S. 607.
[60] Ebd., S. 236.
[61] Ebd., S. 229.

zung versucht habe, doch die hier pars pro toto vorgestellten Details mögen reichen, um Mißverständnisse über meine Ziele auszuschließen. Angesichts der Tatsache, daß alle früheren Eindeutschungsversuche Melvilles Text in vielfältiger Weise glätten und einebnen, habe ich auf solche Glättungen und Einebnungen grundsätzlich verzichtet und alle Tonlagen, Stilelemente und formalen Maßnahmen des Originals so getreu wie irgend möglich wiederzugeben angestrebt. Nicht aufpoliert wurden namentlich alle scheinbaren oder auch tatsächlichen Inkonsistenzen, Ungelenkheiten, Umständlichkeiten und was der Defekte mehr sein mag; dahinter steckt auch die Erkenntnis, daß der *Moby-Dick* gerade alles andere ist als ein „gerundetes Ganzes“, ein in sich geschlossener „Kosmos“, gar ein perfektes Werk. Melvilles enzyklopädischer Zugriff auf seinen Stoff hat natürlich auch so etwas wie Totalität im Sinn, doch ironischerweise wird die Totalität um so mehr zersplittert und fragmentarisiert, je heftiger und umfänglicher man ihr hinterherschreibt – eine Erfahrung, die auch andere Autoren dicker und weltliterarisch bedeutender Romane haben machen müssen. Komplettität ist ein Ziel, das mit wenigen Worten immer besser erreicht werden kann als mit deren vielen: der Begriff „Welt“, das pompös intonierte Wort „Kosmos“, ein schwach gehauchtes „All“ oder das ganz für sich stehende „O“ sind in sich schon umfassendere und in sich geschlossenere Ausdrücke von Totalität, als sie vielhundert- oder tausendseitige Inventarisierungen je zuwege bringen. In einem bestimmten Sinne kann nur das Einzelne, jedenfalls das Isolierte, ein Ganzes sein. Der *Moby-Dick* ist kein Ganzes, weil Melville es nicht bei der leeren weißen Projektionsfläche der fleckenlose Farbe beläßt, sondern diese Projektionsfläche ausfüllt mit Hunderttausenden sich ineinander verhakender und verkantender Wörter. Dieser Roman ist die literarische Wirrnis schlechthin.

Um so heftiger muß sich beim Leser der Drang regen, die Verwirrung zu beheben und das Dunkel zu erhellen und die Trübnis aufzuklären. Jedem Leser, der primär dieses Ziel verfolgt, kann nur geraten werden, sich an die vielgerühmte Übersetzung von Alice und Hans Seiffert zu halten, die wunderbar klar und rund ist. Ich kann nicht verhehlen, daß ich diese Klarheit und Rundheit als abweisende Glätte und als klinische Anämie empfinde, aber sei's drum: wenn man ganz schnell erfahren will, was Melville an einer Textstelle *gemeint* hat, bringt der Blick in die Seiffert-Fassung meistens die schnellste Lösung und zudem in der Regel eine verläßliche Antwort. Nur das, was er *geschrieben* – soll heißen: *wie* er es geschrieben – hat, erfährt man aus der Seiffert-Fassung nicht. Hier möchte ich mit meiner Übersetzung einspringen.

Ist das zuviel verlangt? Mag schon sein. Ist mein Ansatz zu extrem, zu verschroben gar? Auch das mag sein. Ich gebe gerne zu, daß ich etwas zum Ideal stilisiere, was von vielen (auch klugen) Köpfen als Zumutung empfunden wird. „Fährendienste", nun ja: jeder Pedant mit Sprachgefühl wird mir nachweisen, daß es entweder „Fährdienste" oder „Fergendienste" heißen muß, ich also einen verqueren Zwitter kreiert habe. Und eine Einladung zum Kalauern dazu: gewiß ist der Fährendienst, den ich Herman Melville erwiesen habe, auch ein Bärendienst. Den größeren hat er sich freilich selbst erwiesen, vollen Bewußtseins, als er den *Moby-Dick* schrieb, denn er wußte wohl, mit diesem Ungetüm von einem Buch setzte er seine Karriere und sein Glück in der Welt aufs Spiel. Im Juni 1851, während der letzten Arbeiten am Roman, formulierte er das in einem Brief an den verehrten Kollegen und Freund Nathaniel Hawthorne so:

> Was zu schreiben ich mich am meisten hingerissen fühle, das fällt in Bann, – es zahlt sich nicht aus. Und

> doch, alles in allem auf die *andere Weise* schreiben kann ich nicht. Also ist das Erzeugnis am Ende ein Ragout, und alle meine Bücher sind Flickwerk.[62]

Warum sollte der Übersetzer erwarten, daß es ihm besser ergeht? Und Melville sah sehr wohl, wohin ihn sein Tun führen würde:

> ich werd am End verbraucht sein und vergehen, wie eine alte Muskatreibe, in Stücke gerieben von der unablässigen Abnutzung durch das Holz, soll heißen: die Muskatnuß. [...] Auch wenn ich in diesem Jahrhundert die Evangelien schriebe, ich würde doch im Rinnstein sterben.

Das war prophetisch, denn Melville endete fast im Rinnstein – zwar nicht im wortwörtlichen, aber doch im übertragenen Sinn. Damit verglichen geht es dem Übersetzer geradezu blendend; denkt er an Melville, mag er gar nicht mehr klagen. Aber: die Früchte seines Tuns will er auf dem Markt sehen, unverwässert. Und sich dafür gern auch der alten Frage stellen: „Ist das nicht schon übersetzt?“

Und das Schlußwort, die Apotheose, sei naturgemäß bei Melville. Wir entnehmen es dem 23. Kapitel, wo es einer eher unauffälligen, freilich keineswegs nebensächlichen Figur gewidmet ist:

> better is it to perish in that howling infinite, than be ingloriously dashed upon the lee, even if that were safety! For worm-like, then, oh! who would craven crawl to land! Terrors of the terrible! is all this agony

---

[62] Herman Melville, *Hunilla, die Chola-Witwe. Briefe an Nathaniel Hawthorne und eine Erzählung*, hg. v. Norbert Wehr, üb. v. Friedhelm Rathjen (Berlin: Friedenauer Presse 1993), S. 4 (Brief an Hawthorne v. 1?. Juni 1851).

> so vain? Take heart, take heart, O Bulkington! Bear thee grimly, demigod![63]

In Wilhelm Strüvers Fassung kommt dieser Passus nicht vor. Von Seggern übersetzt: „Wer will wie ein Wurm bettelnd an Land kriechen? [...] Ertrage ihn grimmig, du Halbgott!“[64] Güttinger: „Denn einem Wurm gleich, oh, wer möchte jemals kleinmütig an Land kriechen? [...] Biete all deinen Göttertrotz auf, Übermensch!“[65] Mutzenbecher / Schnabel: „Mattherzig aufs Trockene kriechen wie ein Wurm? [...] Halt aus, du Held!“[66] Mummendey: „Denn wer möchte jemals dem Wurme gleich kleinmütig an Land kriechen? [...] Bewahre dir deinen Trotz, du Halbgott!“[67] Die Seifferts: „Denn wie wurmgleich wir auch sind – oh! wer wollte feige hinkriechen zu Lee und Land! [...] Du Halbgott, halt dich unverzagt!“[68] Trausil: „Denn wer möchte wie ein Wurm kleinmütig an Land kriechen? [...] Trotze allen Gewalten, du Göttergleicher!“[69] Jendis: „Denn wer, o wer wohl, würde wie ein Wurm kratzfüßig krumm ans Ufer kriechen wollen! [...] Bewahr dir deinen Trotz, du Halbgott!“[70] Und meine Fassung:

> also ist es auch besser, in jenen heulenden Unendlichkeiten unterzugehen, als unrühmlich auf die Leegestade geschleudert zu werden, und sei dieses auch die sichere Rettung! Denn wurmgleich nämlich, oh!

---

[63] Melville, *Moby-Dick or The Whale*, a.a.O., S. 107.

[64] Möckli von Seggern (Üb.), *Moby Dick oder Der weiße Wal*, a.a.O., S. 113.

[65] Güttinger (Üb.), *Moby Dick*, a.a.O., S. 192.

[66] Mutzenbecher / Schnabel (Üb.), *Moby Dick*, a.a.O., S. 84.

[67] Mummendey (Üb.), *Moby Dick oder Der Wal*, a.a.O., S. 138.

[68] Alice u. Hans Seiffert (Üb.), *Moby Dick*, a.a.O., S. 161.

[69] Trausil (Üb.), *Moby Dick*, a.a.O., S. 111.

[70] Jendis (Üb.), *Moby Dick oder Der Wal*, a.a.O., S. 189.

wer würde kratzfüßig krumm aufs Land wohl kriechen wollen! Schrecknis des Erschrecklichen! ist all diese Pein denn so eitel? Fasse dir ein Herz, fasse dir's Herz, O Bulkington! Halt dich grimme, Halbgott du![71]

Epilog

Uneingeweihte Vergleicheansteller müssen, wenn sie die zuletzt zitierten Fassungen lesen, den Eindruck haben, ich hätte mich hier und anderswo doch arg an Jendis orientiert (ein Eindruck, der befördert wird durch Stellensynopsen, in denen die einschlägigen Spalten „Jendis 2001" und „Rathjen 2004" überschrieben werden), tatsächlich ist allerdings das Gegenteil der Fall. Aus dem Hanser-Verlag und seitens einzelner mit der Jendis-Fassung assoziierter Personen ist der Eindruck erweckt worden, die Jendis-Fassung sei als ‚vollständige Neuübersetzung' entstanden, nachdem meine eigene Übersetzung im Verlag ‚abgelehnt' worden sei. In der öffentlichen Wahrnehmung ist – vor allem von Befürwortern der Jendis-Fassung – die so lancierte Entstehungsgeschichte meist ohne Prüfung übernommen worden; naturgemäß bleiben auch zaghafte Versuche, auf die tatsächlichen Zusammenhänge hinzuweisen[72], weitgehend ohne Resonanz. Hier ist nicht der Ort,

---

[71] Rathjen (Üb.), *Moby-Dick; oder: Der Wal*, a.a.O., S. 151.

[72] Vgl. Friedhelm Rathjen, „Wal-Kampf", in ADÜ Nord / Assoziierte Dolmetscher und Übersetzer in Norddeutschland e.V. (Hg.), *Infoblatt* 2 (April 2002), S. 17 (Leserbrief): „Geschätzte Kollegen, als Nichtmitglied bin ich leider erst jetzt im Internet auf das Infoblatt 6/2001 gestoßen, in dem Sie Dieter E. Zimmers Rezension der wettstreitenden beiden ‚Moby-Dick'-Übersetzungen nachdrucken. Dieter E. Zimmer ist meine Übersetzung des Wals nicht geheuer; meine Übersetzungsweise geht ihm viel zu weit in die Richtung eines Extremismus, der ihm nicht behagt.

Dagegen ist vielleicht zu argumentieren, aber grundsätzlich nichts einzuwenden: Man kann selbstverständlich so denken und befinden, wie Zimmer es tut.

Was mich ärgert, ist etwas anderes. Dieter E. Zimmer gibt nicht nur ein gründlich erwogenes (wenn auch zu meinen Lasten ausfallendes) Urteil über zwei Übersetzungen eines Textes ab, sondern er erzählt auch, wie es überhaupt dazu kam, dass gleichzeitig zwei Übersetzungen erschienen. Er verknüpft diese Vorgeschichte mit seiner Einschätzung der Qualitäten und Meriten beider Übersetzungen. Und dagegen habe ich doch einiges einzuwenden, vor allem, wenn diese Darstellung in dem Periodikum eines Übersetzerverbands nachgedruckt wird. Zimmer ist nämlich leider auf Desinformationen seitens des Hanser-Verlags hereingefallen. Hätte er auch bei mir Informationen über die leidige Geschichte eingeholt, so hätte sich das verhindern lassen.

Worum geht es?

1. Ich habe dem Hanser-Verlag Ende 1993 eine komplette Übersetzung abgeliefert, für die ich erst DANACH einen Vertrag, einen sogenannten ‚Vorschuss‘ und schließlich dann auch das komplette Honorar bekam, all das untermalt von großen Lobeshymnen aus eben diesem Verlag auf eben diese Übersetzung.

2. Der Hanser-Verlag bekam damals dennoch die Finanzierung des Projektes einer Melville-Ausgabe (die mit meinem ‚Moby-Dick‘ beginnen sollte) nicht geregelt, weswegen die ganze Angelegenheit in den einstweiligen Ruhestand versetzt wurde, bis die jahrelang ohne Vertrag und Honorar tätigen Herausgeber der Ausgabe (Norbert Wehr, Hermann Wallmann, Paul Ingendaay) entnervt ihre Ehrenämter niederlegten.

3. Nach Jahren wurde ein neuer Herausgeber (Daniel Göske) gefunden, dem meine Übersetzung nicht behagte, weswegen er sie von einem mit ihm befreundeten anderen Übersetzer (Matthias Jendis) bearbeiten ließ.

4. Der Bearbeiter hat sich aus mir unbekannten Gründen nicht an die zwischen Göske und mir vereinbarte Kompromisslinie gehalten, sondern den Text so sehr entrathjent, dass ich ihn nicht mehr wiedererkannte, folglich meinen Namen zurückzog, vorschlug, man möge den verantwortlichen ‚Bearbeiter‘ dieser neuen Fassung auch als ‚Übersetzer‘ nennen, und die Rechte an meiner ursprünglichen Fassung zurückbekam.

Bei Zimmer stellt sich das nun ganz anders dar, nämlich so, wie der Hanser-Verlag es heute gerne sehen möchte. Zimmer schreibt: ‚Der Verlag zögerte jedoch, und als er 1996 immer noch keine Anstalten zur Veröffentlichung machte, traten die drei Herausgeber zurück. Der Hanser Verlag aber hatte keineswegs das Interesse verloren; er hatte nur Zweifel, ob Rathjens Übersetzung sich für die geplante Werkausgabe eigne.‘ Weiter heißt es: ‚Der Hanser Verlag handelte nicht unmoralisch, sondern vernünftig, als er vor der Veröffentlichung zurückscheute.‘ Über diese Einschätzung hat sich der Hanser-Verlag so gefreut, dass er allen Beteiligten zu verstehen gab, dies sei als abschließendes, verbindliches und höchstrichterliches Urteil zu begreifen, mit dem der Verlag in jeder Hinsicht reingewaschen und freigesprochen sei.

Nun denn, es geht natürlich nicht darum, den Verlag zu verklagen, zumal das an der langen Geschichte nichts mehr ändern kann. Es geht aber darum, dass der Übersetzer sich nicht gerne zusätzlich zu dem Verdruss, den ihm diese Geschichte bereitet hat, im nachhinein auch noch den Vorwurf gefallen lassen mag, seine stümperische Übersetzungsleistung sei es gewesen, die die Werkausgabe damals in den mittneunziger Jahren verhindert habe. Der Hanser-Verlag scheute ab 1993 nicht vor der Veröffentlichung zurück, weil er meine Übersetzung für nicht geeignet gehalten hätte, sondern weil er sie offenbar nicht finanziert bekam. Hätte er meine Übersetzung für nicht geeignet gehalten, so hätte er sie nicht einzukaufen und schon gar nicht zu bejubeln brauchen, als sie ihm vorlag. Da der Verlag meine Übersetzung NACH Prüfung derselben aber eben doch kaufte, halte ich es für eine ziemliche Unverfrorenheit, nun zu behaupten, die Publikation sei an der mangelnden Qualität dieser Übersetzung gescheitert. Das Scheitern hatte andere Gründe.

Natürlich ändert das nichts daran, dass der neue Herausgeber Göske und sein Mitarbeiter Jendis alles Recht der Welt haben, meine Übersetzung für misslungen zu halten. Es ist zwar schade, dass man mir nicht sofort und von Angesicht zu Angesicht (wie dann später, und öffentlich) gesagt hat, dass man meinte, meine Fassung sei ‚in toto unlesbar‘. Hätte ich das von Anfang an gewusst, so hätte ich den beiden viel Arbeit und mir viel Verdruss ersparen können. Aber selbstverständlich kann man sehr wohl dieser Meinung sein. Freilich kann man auch gegenteiliger Meinung sein (die Zuhörer einer Veranstaltung, in der ich gerade aus meiner Fassung las, waren ganz entschieden dieser gegenteiligen Meinung). Und dies ist der Punkt, über den man diskutieren kann, darf und vielleicht sollte. Man kann das auch machen, ohne die verteufelte Vorgeschichte überhaupt zu erwähnen. Erwähnt man sie aber doch, so würde ich mir wünschen, dass sie auch einigermaßen korrekt dargestellt wird.

Und wer das zur Kenntnis nimmt und unverdreht wiedergibt, der möge sich dann auch herzlich eingeladen fühlen, meine Übersetzung so misslungen zu finden, wie er mag.“

die ganze leidige Geschichte der Entstehung zweier konkurrierender *Moby-Dick*-Übersetzungen nachzuerzählen, und ich sehe auch nach wie vor keinen Anlaß, meine Meinung über die Jendis-Fassung *als Übersetzung* öffentlich kundzutun. Entstanden ist die Jendis-Fassung freilich *als Bearbeitung* meiner eigenen Fassung; alle Abweichungen von meiner Fassung (und diese Abweichungen sind so zahlreiche und gravierende, daß ich mich eben nicht mehr imstande sah, die Bearbeitung unter meinem Namen publizieren zu lassen) sind gemeint als Versuche, meine an den jeweiligen Textstellen für defizitär gehaltene Fassung zu verbessern. Ich möchte deswegen jetzt doch pars pro toto einen Blick auf einige dieser ‚Verbesserungen' werfen und kurz darlegen, warum ich meine, sie würden den Intentionen der so ‚verbesserten' Textfassung (meiner eigenen also) nicht gerecht.

Gleich nach der oben zitierten Apotheose auf den „Halbgott" Bulkington macht Melville einen für die Textorganisation des *Moby-Dick* typischen Schnitt, beginnt ein neues Kapitel und schaltet vom schwärmerischen Gestus um auf einen betont nüchternen Stil:

> As Queequeg and I are now fairly embarked in this business of whaling; and as this business of whaling has somehow come to be regarded among landsmen as a rather unpoetical and disreputable pursuit; therefore, I am all anxiety to convince ye, ye landsmen, of the injustice hereby done to us hunters of whales.[73]

Unter stilistischen Gesichtspunkten sind hier zumindest drei Details bemerkenswert. Erstens verwendet Melville innerhalb kürzester Textdistanz zweimal die identische Formel „this business of whaling", was man je nach persönlichem Stilempfinden als ungeschickte Wiederholung

---

[73] Melville, *Moby-Dick or The Whale*, a.a.O., S. 108.

oder als eindringliche Betonung ansehen mag; zweitens begeht er mit der Konstruktion „As [...], therefore“ einen Verstoß gegen die Regeln der Grammatik; drittens nimmt er in der Formulierung „to convince ye, ye landsmen“ eine weitere markante Doppelung vor, die darauf abzielt, den Appellcharakter zu unterstreichen. In den vor meiner eigenen Fassung entstandenen *Moby-Dick*-Übersetzungen werden diese drei stilistischen Auffälligkeiten – mit zwei kleinen Teilausnahmen – vollständig unter den Tisch gekehrt:

> Queequeg und ich haben uns nun einmal eingeschifft und wollen Walfischjäger werden. Da dieser Beruf als unpoetisch und verächtlich in seinen Zielen von so vielen Landratten dargestellt wird, so soll mein Bestreben nun sein, euch Landratten von dem Unrecht zu überzeugen, das ihr uns Walfischjägern zugefügt habt.[74]

> Weil Queequeg und ich uns nun endgültig eingeschifft hatten, um Wale zu jagen, und da dieses Gewerbe unter Landbewohnern irgendwie als unpoetisch und verrucht gilt, will ich versuchen, euch Landratten von diesem ungerechten Urteil über Waljäger abzubringen.[75]

> Da wir beide, Quiqueg und ich, uns nun richtiggehend auf diese Walerei eingelassen haben, und da ferner diese Walerei unter Binnenländern irgendwie im Rufe eines prosaischen und sogar anrüchigen Gewerbes steht, liegt mir sehr daran, die Landratten unter den Lesern davon zu überzeugen, daß uns Waljägern hierdurch schweres Unrecht geschieht.[76]

---

[74] Wilhelm Strüber (Üb.), *Moby Dick oder Der weiße Wal* (Berlin: Knaur [1927]), S. 43.

[75] Möckli von Seggern (Üb.), *Moby Dick oder Der weiße Wal*, a.a.O., S. 113.

[76] Güttinger (Üb.), *Moby Dick*, a.a.O., S. 192 f.

> Quiqueg und ich aber sind nun wirklich unter die Walfänger gegangen. Das ist ein Geschäft, welches merkwürdigerweise an Land als roh und gemein verschrien ist, und ich will mir Mühe geben, dir, mein Freund vom Lande, zu beweisen, wie unrecht du uns damit tust.[77]

> Nachdem Queequeg und ich uns nun richtig in das Walfanggeschäft eingelassen haben und da dieses Gewerbe unter den Binnenländern irgendwie als prosaisch und schäbig gilt, so liegt mir sehr daran, euch Landratten davon zu überzeugen, welches Unrecht uns Waljägern damit geschieht.[78]

> Da Quiqueg und ich nun ordnungsgemäß zu Schiff und auf dem Wege zum Walfang sind, und da der Walfang unter den Festlandbewohnern neuerdings als ein ziemlich prosaisches und unreputierliches Jagdgeschäft angesehen wird, so brenne ich darauf, euch Landratten zu überzeugen, wie unrecht ihr uns Waljägern damit tut.[79]

> Da Quiqueg und ich uns nun einmal auf diese Walfängerei festgelegt haben, die jedoch bei den Binnenländern als rohes, ja sogar anrüchiges Gewerbe verschrieen ist, liegt mir außerordentlich daran, euch Landratten davon zu überzeugen, daß ihr uns damit unrecht tut.[80]

Es lohnt sich nicht, diese Fassungen im Detail zu diskutieren; die den Text verflachenden Verstöße gegen die stilistische Treuepflicht des Übersetzers, wie ich sie für mich sehe, sind allzu offensichtlich. In der Ur-Fassung

---

77 Mutzenbecher / Schnabel (Üb.), *Moby Dick*, a.a.O., S. 84.
78 Mummendey (Üb.), *Moby Dick oder Der Wal*, a.a.O., S. 138.
79 Alice u. Hans Seiffert (Üb.), *Moby Dick*, a.a.O., S. 161.
80 Trausil (Üb.), *Moby Dick*, a.a.O., S. 111.

meiner Übersetzung, die ich 1993 abschloß, sind hingegen selbstverständlich alle drei oben erwähnten stilistischen Besonderheiten und auch sonst alle Details des Originals bewahrt:

> Da Queequeg und ich nun richtiggehend in diesem Geschäfte des Walfangs eingeschifft sind; und da es mit diesem Geschäfte des Walfangs irgendwie so gekommen ist, daß es unter Landratten als ein reichlich unpoetisches und unreputierliches Gewerbe angesehen wird; dessentwegen bin ich ganz versessen drauf, euch, euch Landratten, von dem Unrechte zu überzeugen, welches uns Jägern der Wale dadurch angetan wird.

Dies ist also die Fassung, die Jendis zu bearbeiten hatte; er ‚verbesserte' sie, bis folgende Version herauskam:

> Sintemal Queequeg und ich nun richtig in dieses Walfanggeschäft eingestiegen sind und sintemal diese Walfängerei mittlerweile unter Landratten als ein reichlich prosaisches und despektierliches Gewerbe gilt, ist es mir ein starkes Bedürfnis, euch, ja euch Bewohner des Landes, davon zu überzeugen, daß uns Jägern der Wale damit Unrecht getan wird.[81]

Die erste Doppelung, die des so schön umständlichen „diesem Geschäfte des Walfangs", wird eliminiert und der Text dadurch eingeebnet; der grammatisch falsche Anschluß wird stillschweigend korrigiert, auch dies eine Einebnung; die zweite Doppelung, das appellative „euch, euch Landratten", wird zwar prinzipiell geduldet, jedoch durch ein eingefügtes „ja" merklich abgeschwächt. Ich erkenne in der Jendisschen Bearbeitung deshalb absolut keine Verbesserung meiner Urfassung, sondern einen klaren Rückschritt. Erstaunlich ist der Verzicht darauf, bei

---

[81] Jendis (Üb.), *Moby Dick oder Der Wal*, a.a.O., S. 190.

Melville gleichlautende Formulierungen auch gleichlautend zu übersetzen, insbesondere dann, wenn man im Anhang zur Jendis-Ausgabe liest:

> Diese deutsche Fassung behandelt Melvilles Roman [...] als Ganztext. Sie geht nicht nur Wort für Wort und Satz für Satz vor, sondern übersetzt – mit Hilfe von elektronischen Textrecherchen und Eugene Ireys *Concordance* zum *Moby-Dick* (1982) – jede Stelle mit dem makrokontextuellen Textgewebe im Blick. So werden die verbalen Leitmotive des Romans [...] auch in der deutschen Fassung sichtbar.[82]

Die Sichtbarmachung der „verbalen Leitmotive" wird naturgemäß unnötig erschwert, wenn verbale Echos nicht einmal da, wo sie in zwei Zeilen aufeinanderfolgen, übernommen werden. Man wird mir deshalb hoffentlich nachsehen, daß ich gegen die Jendisschen ‚Verbesserungen' an meiner unverbesserten Textfassung festhalte, die – behutsam lektoriert – in der veröffentlichten Fassung folgendermaßen lautet:

> Da Queequeg und ich nun richtiggehend in diesem Geschäft des Walfangs eingeschifft sind; und da es mit diesem Geschäft des Walfangs irgendwie so gekommen ist, daß es unter Landratten als ein reichlich unpoetisches und unreputierliches Gewerbe angesehen wird; dessentwegen bin ich ganz versessen darauf, euch, euch Landratten, von dem Unrecht zu überzeugen, welches uns Jägern der Wale dadurch angetan wird.[83]

Welcher Art die Jendissche Überarbeitung meiner Fassung ist und warum ich sie ablehne, möchte ich schließlich an ausgewählten Details einer längeren zusammen-

---

[82] [Daniel Göske], „Editorische Notiz", ebd., S. 907-909, hier S. 908.
[83] Rathjen (Üb.), *Moby-Dick; oder: Der Wal*, a.a.O., S. 151.

hängenden Passage zeigen, in der mehrere Stillagen und stilistische Besonderheiten Melvilles hervortreten; ich entnehme diese Passage jenem Kapitel 36, in dem Ahab seine Mannschaft auf seinen Rachefeldzug gegen den weißen Wal einschwört:

> "All ye mast-headers have before now heard me give orders about a white whale. Look ye! d'ye see this Spanish ounce of gold?" – holding up a broad bright coin to the sun – "it is a sixteen dollar piece, men. D'ye see it? Mr. Starbuck, hand me yon top-maul." [...]
>
> Receiving the top-maul from Starbuck, he advanced towards the main-mast with the hammer uplifted in one hand, exhibiting the gold with the other, and with a high raised voice exclaiming:

Hier unterbreche ich kurz, um auf eine für Melville typische Besonderheit dieses Satzes hinzuweisen. Unter Einsatz von Partizipialkonstruktionen und verschachtelten Bezügen bildet Melville mit seinen Verben („Receiving [...], he advanced [...] with the hammer uplifted [...], exhibiting [...], and [...] exclaiming") Geschehen ab, das nicht nacheinander, sondern prinzipiell gleichzeitig abläuft; wir werden noch zu prüfen haben, wie dies in deutscher Übersetzung aussehen kann. Doch zunächst weiter im Originaltext:

> "Whosoever of ye raises me a white-headed whale with a wrinkled brow and a crooked jaw; whosoever of ye raises me that white-headed whale, with three holes punctured in his starboard fluke – look ye, whosoever of ye raises me that same white whale, he shall have this gold ounce, my boys!"
>
> "Huzza! huzza!" cried the seamen, as with swinging tarpaulins they hailed the act of nailing the gold to the mast.

"It's a white whale, I say," resumed Ahab, as he threw down the topmaul: "a white whale. Skin your eyes for him, men; look sharp for white water; if ye see but a bubble, sing out."

All this while Tashtego, Daggoo, and Queequeg had looked on with even more intense interest and surprise than the rest, and at the mention of the wrinkled brow and crooked jaw they had started as if each was separately touched by some specific recollection.

"Captain Ahab," said Tashtego, "that white whale must be the same that some call Moby Dick."

"Moby Dick?" shouted Ahab. "Do ye know the white whale then, Tash?"

"Does he fan-tail a little curious, sir, before he goes down?" said the Gay-Header deliberately.

"And has he a curious spout, too," said Daggoo, "very bushy, even for a parmacetty, and mighty quick, Captain Ahab?"

"And he have one, two, three – oh! good many iron in him hide, too, Captain," cried Queequeg disjointedly, "all twiske-tee be-twisk, like him – him –" faltering hard for a word, and screwing his hand round and round as though uncorking a bottle –"like him – him –"

"Corkscrew!" cried Ahab, "aye, Queequeg, the harpoons lie all twisted and wrenched in him; aye, Daggoo, his spout is a big one, like a whole shock of wheat, and white as a pile of our Nantucket wool after the great annual sheep-shearing; aye, Tashtego, and he fan-tails like a split jib in a squall. Death and devils! men, it is Moby Dick ye have seen – Moby Dick – Moby Dick!"

"Captain Ahab," said Starbuck, who, with Stubb and Flask, had thus far been eyeing his superior with increasing surprise, but at last seemed struck with a thought which somewhat explained all the wonder.

"Captain Ahab, I have heard of Moby Dick – but it was not Moby Dick that took off thy leg?"

"Who told thee that?" cried Ahab; then pausing, "Aye, Starbuck; aye, my hearties all round; it was Moby Dick that dismasted me; Moby Dick that brought me to this dead stump I stand on now. Aye, aye," he shouted with a terrific, loud, animal sob, like that of a heart-stricken moose; "Aye, aye! it was that accursed white whale that razeed me; made a poor pegging lubber of me for ever and a day!" Then tossing both arms, with measureless imprecations he shouted out: "Aye, aye! and I'll chase him round Good Hope, and round the Horn, and round the Norway Maelstrom, and round perdition's flames before I give him up. And this is what ye have shipped for, men! to chase that white whale on both sides of land, and over all sides of earth, till he spouts black blood and rolls fin out. What say ye, men, will ye splice hands on it, now? I think ye do look brave."

"Aye, aye!" shouted the harpooneers and seamen, running closer to the excited old man: "A sharp eye for the white whale; a sharp lance for Moby Dick!"

"God bless ye," he seemed to half sob and half shout. "God bless ye, men. Steward! go draw the great measure of grog. But what's this long face about, Mr. Starbuck; wilt thou not chase the white whale? art not game for Moby Dick?"

"I am game for his crooked jaw, and for the jaws of Death too, Captain Ahab, if it fairly comes in the way of the business we follow; but I came here to hunt whales, not my commander's vengeance. How many barrels will thy vengeance yield thee even if thou gettest it, Captain Ahab? it will not fetch thee much in our Nantucket market."

> “Nantucket market! Hoot! But come closer, Starbuck; thou requirest a little lower layer. If money’s to be the measurer, man, and the accountants have computed their great counting-house the globe, by girdling it with guineas, one to every three parts of an inch; then, let me tell thee, that my vengeance will fetch a great premium here!”
>
> “He smites his chest,” whispered Stubb, “what’s that for? methinks it rings most vast, but hollow.”[84]

Bei mir lautet diese ganze Passage folgendermaßen:

> „All ihr Toppsgasten habt mich schon zuvor Befehle über einen weißen Wal geben hören. Schaut her! Seht ihr diese spanische Goldunze?“ – eine große glänzende Münze in die Sonne haltend – „das ist ein Sechzehndollarstück, Männer. Seht ihr es? Mr. Starbuck, langt mir mal die Kleidkeule da her.“ [...]
>
> Sowie er die Kleidkeule von Starbuck erhalten, trat er auf den Großmast zu mit dem emporgehaltenen Hammer in der einen Hand, wobei er mit der anderen das Goldstück herzeigte und mit hoch erhobener Stimme ausrief:

Dies ist die Stelle, an der Melville durch seine verschachtelte grammatische Konstruktion die Gleichzeitigkeit des Geschehens beschreibt; ich nehme für mich in Anspruch, diese Gleichzeitigkeit weitestgehend bewahrt zu haben, und zwar hier sogar unter Verzicht auf die bei vielen meiner Kritiker besonders unbeliebten Partizipialkonstruktionen. Jendis freilich hat meine Lösung offensichtlich gar nicht gefallen, er überarbeitet sie, bis dies herauskommt: „Er nahm den Hammer aus Starbucks Hand, trat an den Großmast, hielt den Hammer mit der einen Hand hoch, zeigte das Goldstück mit der anderen her und rief

---

[84] Melville, *Moby-Dick or The Whale*, a.a.O., S. 161-163.

mit mächtiger Stimme [...]“[85]. Damit ist nun die Gleichzeitigkeit des Geschehens völlig zu einem Nacheinander aufgelöst, aus dem typisch Melvilleschen Verzögerungseffekt der Beschreibungsprosa wird ein unverzögerter glatter Ablauf. Als Verbesserung meiner Fassung kann ich die Jendissche deswegen keineswegs akzeptieren. Und damit weiter im Text:

> „Wer von euch auch immer mir einen weißhäuptigen Wal sichtet mit runzliger Stirn und schiefem Kiefer; wer von euch auch immer mir jenen weißhäuptigen Wal sichtet mit drei Löchern, steuerbords in seine Schwanzflosse gestochen – paßt auf, wer von euch auch immer mir jenen selbigen weißen Wal sichtet, der soll diese Goldunze kriegen, Jungs!“
>
> „Hurra! Hurra!“ riefen die Matrosen, als sie mit geschwungenen Ölhüten das Annageln des Goldstücks an den Mast bejubelten.
>
> „Ist ein weißer Wal, sag ich“, nahm Ahab den Faden wieder auf, als er die Kleidkeule hinwarf; „ein weißer Wal. Sperrt die Augen nach ihm auf, Männer; haltet Ausschau nach weißem Wasser; wenn ihr nur eine Blase seht, singt aus.“
>
> Die ganze Zeit über hatten Tashtego, Daggoo und Queequeg mit sogar noch gebannterer Anteilnahme und Überraschung zugesehen als der Rest, und bei Erwähnung der runzligen Stirn und des schiefen Kiefers waren sie aufgefahren, als sei jeder für sich angerührt von irgendeiner bestimmten Erinnerung.
>
> „Kapitän Ahab“, sagte Tashtego, „dieser Wal muß derselbige sein, den manche Moby Dick nennen.“
>
> „Moby Dick?“ schrie Ahab. „Kennst du denn dann den weißen Wal, Tash?“

---

[85] Jendis (Üb.), *Moby Dick oder Der Wal*, a.a.O., S. 270.

„Tut er so ein bißchen komisch schwanzwedeln, Sir, bevor er runtergeht?“ sagte der Gay-Header bedächtig.

„Und hat er auch’n komischen Blas“, sagte Daggoo, „ganz buschig, sogar für ’nen Parmazeti, und mächtig schnell, Kapitän Ahab?“

„Und er hab auch ein, zwei, drei – oh! gut viel Eisen in ihm steckt, Kapitän“, rief Queequeg unzusammenhängend, „ganz tee-dreh trehdet, wie ihn – ihn – “, schwer stammelnd nach einem Wort und seine Hand herum- und herumschraubend, als entkorke er eine Flasche – „wie ihm – ihm – “

„Korkenzieher!“ rief Ahab, „aye, Queequeg, die Harpunen liegen alle verdreht und verbogen in ihm drin; aye, Daggoo, sein Blas ist groß, wie ein ganzer Schober Weizen, und weiß wie ein Stapel von unsrer Nantucketer Wolle nach der großen jährlichen Schafschur; aye, Tashtego, und er wedelt mit dem Schwanz wie ein geplatzter Klüver in einer Bö. Tod und Teufel! Männer, das ist Moby Dick, den ihr gesehen habt – Moby Dick – Moby Dick!“

„Kapitän Ahab“, sagte Starbuck, der mit Stubb und Flask bis hierher seinen Vorgesetzten mit wachsender Überraschung angesehen hatte, aber schließlich von einem Gedanken ergriffen schien, welcher das Wunder einigermaßen erklärte. „Kapitän Ahab, ich hab von Moby Dick gehört – aber war’s nicht Moby Dick, der dein Bein abriß?“

„Wer hat dir das erzählt?“ rief Ahab; dann innehaltend, „Aye, Starbuck; aye, meine Herzchen rundrum; es war Moby Dick, der mich entmastet hat; Moby Dick, der mich auf diesen toten Stumpf gebracht, wo ich nun drauf steh. Aye, aye;“ schrie er mit einem fürchterlichen, lauten, tierischen Schluchzer wie dem eines im Herzen getroffenen Elchs; „Aye, aye! es war jener verfluchte weiße Wal, der mich rasierte; ’nen

> armen stampfenden Tölpel aus mir machte für immer und ewig!“ Dann beide Arme hochreißend, schrie er mit maßlosen Verwünschungen aus: „Aye, aye! Und ich werd ihn ums Gute Hoffnung jagen und ums Hoorn und um den norwegischen Mahlstrom und um die Flammen der Verdammnis, eh ich ihn fahrenlasse. Und das ist’s, wofür ihr angemustert habt, Männer! jenen weißen Wal zu jagen auf beiden Seiten vom Land und über alle Seiten der Erde, bis daß er schwarzes Blut spritzt und die Finne von sich streckt. Was sagt ihr, Männer, wollt ihr die Hände dreinschlagen, was? Ich denk, ihr schaut tapfer aus.“

Jendis macht in der Überarbeitung aus diesem letzten Satz: „Nun? Ihr scheint mir Mut zu haben.“[86] Damit entfernt er sich für meine Begriffe unnötig von dem Originalwortlaut („I think ye do look brave“), der nun einmal explizit auf das Aussehen der Matrosen abhebt.

> „Aye, aye!“ schrien die Harpuniere und Matrosen, indem sie dichter an den erregten Alten heranliefen: „Ein scharfes Auge für den Weißen Wal; eine scharfe Lanze für Moby Dick!“
>
> „Gott segne euch“, schien er halb zu schluchzen und halb zu schreien. „Gott segne euch, Männer. Steward! geh das große Maß Grog holen. Aber was ziehest du für ein langes Gesicht, Mr. Starbuck; wollest den wießen Wal nicht jagen? Keinen Mumm für Moby Dick?“

Jendis, dem meine Umsetzung der Quäkerrede nicht gefällt, eliminiert sie deswegen: „Doch was soll das lange Gesicht, Mr. Starbuck? Willst du den weißen Wal nicht jagen? Fehlt’s dir an Mut für Moby Dick?“[87]

---

[86] Ebd., S. 272.
[87] Ebd., S. 272.

„Ich hab Mumm genug für seinen schiefen Rachen, und für den Rachen des Todes auch, Kapitän Ahab, wenn es sich bei dem Gewerbe, das wir betreiben, nun mal so ergibt; aber ich kam, um hinter Walen herzujagen, nicht der Rachsucht meines Kommandanten. [...]"

Jendis ‚verbessert' in seiner Überarbeitung meiner Fassung auch diesen letzten Satz und macht daraus: „Aber ich bin hierher gekommen, um Wale zu jagen, nicht um meinen Kapitän zu rächen."[88] Ärgerlich ist das, weil die im Original zu findende Rhetorik, die für die beiden von Starbuck verglichenen Sachverhalte nur ein Verb braucht („I came here to hunt whales, not my commander's vengeance"), durch Einsatz zweier völlig unterschiedlicher Verben verwässert wird; auch hier halte ich meine unverbesserte Fassung für angemessener und auch stärker als die Jendissche ‚Verbesserung'.

„[...] Wieviel Faß wird deine Rache dir eintragen, selbst wenn du sie kriegst, Kapitän Ahab? sie wird dir auf unserm Nantucketer Markt nicht viel Bares bringen."

„Nantucketer Markt! Buhu! Doch komm näher, Starbuck; bei dir muß man die Wurzeln was weniges weiter unten ansetzen. Wenn Geld der Maßstab sein soll, Mann, und die Buchhalter ihr großes Kontor, den Globus, ausberechnet haben, indem sie's mit Guineen umgürten, eine für jeden dritten Teil eines Zolls; dann laß dir sagen, daß meine Rache hier hohe Zinsen bringen wird!"

„Er schlägt sich die Brust", flüsterte Stubb, „wozu soll das gut sein? mir scheint, die klingt gewaltig, aber hohl."[89]

---

[88] Ebd., S. 273.

[89] Rathjen (Üb.), *Moby-Dick; oder: Der Wal*, a.a.O., S. 227-230.

Dies – „gewaltig, aber hohl“ – ist eine treffliche Beschreibung für einen großen Teil des rhetorischen und stilistischen Aufwands, den Melville im *Moby-Dick* betreibt; ich hoffe, auch meine deutsche Fassung des Romanmonstrums klingt „gewaltig, aber hohl“. Daß ich die Gewalt und die Hohlheit meines Textes dadurch hätte steigern können, daß ich die Überarbeitung, die Matthias Jendis vorgenommen hat, akzeptiert und in ihre Publikation unter meinem Namen eingewilligt hätte, kann ich nicht finden. Die Jendis-Fassung ist aus der Perspektive dessen, was ich mit meiner *Moby-Dick*-Übersetzung habe erreichen wollen, ein großer Schritt zurück, und deshalb stehe ich nach wie vor dazu, daß die Jendissche Überarbeitung nicht mehr meine Fassung ist und zu recht unter Nennung von Matthias Jendis als alleinigem Übersetzer publiziert wurde. Seine und meine Fassung sind, obwohl sie einen identischen Ursprung haben, wahrlich unterschiedlich genug, um ihrer beider Publikation und ihre wiewohl nicht immer friedliche Koexistenz auf dem Buchmarkt zu rechtfertigen. Den gelegentlich zu hörenden Wunsch, beide Fassungen in einem Kompromiß wieder zusammenzuführen, halte ich deswegen für unsinnig; die Differenzen beider Fassungen sind in jedem Falle interessanter als die naturgemäß immer noch bestehenden Ähnlichkeiten. Und eigentlich ist ein Kompromiß auch gar nicht möglich. Übersetzungen als solche sind nie schlichtweg ‚gut‘ oder ‚schlecht‘, sondern sie sind es immer nur nach Maßgabe bestimmter Kriterien, ebenso wie sie mit dem Ziel der Erfüllung bestimmter Kriterien überhaupt erst einmal erstellt wurden. Meine eigene *Moby-Dick*-Übersetzung verfolgte von Anfang an klar definierte Ziele und suchte klar definierte Kriterien zu erfüllen; diese Ziele und Kriterien gingen für alle, die’s interessierte, aus der Keimzelle dieser Übersetzung hervor, nämlich aus meiner ersten Fassung des 41. Kapitels, die 1991 im *Schreibheft* publiziert wurde[90] und auf deren Basis ich überhaupt erst mit der Übersetzung des kompletten Buches beauftragt wurde. Matthias Jendis hat bei der Überarbeitung meiner Fassung ganz andere Ziele zu verfolgen gesucht und ist deshalb zu einem Text gelangt, dessen Qualität sich nach ganz anderen Kriterien bemißt als jenen, die ich angelegt hatte. Die Qualitätskriterien von Jendis und mir sind zumindest in Teilen diametral unterschiedliche, der Versuch eines Mittelwegs wäre deswegen grober Unfug. Und erst die Unterschiedlichkeit der Kriterien und damit der Fassungen, die ihnen entspringen, eröffnet naturgemäß jedem Leser und jeder Leserin die Chance, die den jeweiligen Lesebedürfnissen am ehesten entsprechende Fassung zu wählen. Dies, übrigens, ist der große Vorteil eines Lesepublikums, das einen Text der Weltliteratur nicht in der Original-, sondern in einer anderen Sprache liest: es hat die Möglichkeit, zwischen Fassungen wählen zu können, während originalsprachliche Leser immer auf die eine originalsprachliche Textfassung beschränkt bleiben müssen. Übersetzung, heißt das, ist ein Geschäft zur Mehrung der Möglichkeiten!

---

[90] Vgl. Herman Melville, „Moby Dick oder Der Wal. Moby Dick (Kapitel 41)“, üb. v. Friedhelm Rathjen, in *Schreibheft. Zeitschrift für Literatur* 37 (Mai 1991), S. 55-61.

Seemannsjahre eines Dichters
Elizabeth Hardwicks Essay über Herman Melville

Vieles kann man Herman Melville nachsagen, aber nicht, daß er seine Probleme nicht erkannt hätte. „Der Dollar ist mein Fluch“, weiß er. Wobei es stets der Fluch der fehlenden, nicht der vorhandenen Dollars ist. Melville entstammt einer honorigen Familie, in der es freilich „eine genetische Veranlagung für den finanziellen Ruin“ gibt, wie Elizabeth Hardwick[1] spitz formuliert. Zu den vielen Bankrotteuren der Sippe gehört Melvilles Vater, der vor den Schulden so rasch ins Grab flieht, daß schon der 13jährige Herman sich als Halbwaise durchschlagen muß. Ein Weilchen ist er Lehrer, doch so heftig ist der Dollarfluch, daß selbst den Schulen, für die er tätig ist, vor dem Zahltag das Geld ausgeht.

Mit zwanzig Jahren geht Melville auf seine erste Fahrt als Seemann, mit 22 auf die erste Walfangfahrt, die damit endet, daß er in der Südsee vor der Gewalt an Bord desertiert. Einige Wochen lebt er unter Eingeborenen von Luft und Liebe, läßt sich dann erneut auf einem Walfänger anheuern, desertiert ein zweites Mal, kehrt schließlich auf einem Schiff der Kriegsmarine nach Amerika zurück und heiratet in eine betuchte Familie ein. Melville ist 25, hat ein paar pralle Lebensjahre hinter sich – und eigentlich nichts mehr vor sich. Einerseits.

Andererseits „verwandelte ihn die Ehe vom ungebundenen Wanderer in einen obsessiven Schreiber“, wie Hardwick es ausdrückt, und da liegt der Verdacht nahe, daß das eine die Fortsetzung des anderen mit veränderten

---

[1] Elizabeth Hardwick, *Herman Melville*, üb. v. Bernhard Robben (München: Claassen 2002).

Mitteln sei. Das Meer diene bei Melville nie wirklich dem Broterwerb, sondern einem abgrundtiefen Fluchtimpuls, meint Hardwick. Wer weiß, vielleicht gilt das ja auch für Melvilles Schreiben. Gewiß zielt diese elende Tätigkeit oberflächlich besehen auf den Versuch, seinem ewigen Fluch entgegenzuwirken und ein paar Dollars zu verdienen, aber tauglich ist dieser Versuch doch kaum: es ist ein „Hungerleiderweg, ein Buch pro Jahr, manchmal zwei."

Und dieser rasante Weg ist kurz. Einige wenige Jahre reüssiert Melville, zieht sich aufs Land zurück, wo er (natürlich auf Pump) ein Haus kauft, und bereitet literarische Großtaten vor. Der *Moby-Dick* ist eine, fällt allerdings bei Kritik und Publikum weitgehend durch, und der Nachfolger *Pierre* scheitert sogar katastrophal. Damit ist die Karriere schon wieder zu Ende, in gewissem Sinn auch Melvilles Leben, wenngleich es noch vier weitere Jahrzehnte währt. Melville schreibt nur noch wenig und nur für die Schublade, trinkt und wütet gegen seine Frau, die selbst vom Pfarrer gedrängt wird, sich von ihrem irren Mann zu trennen (sie tut es nie). Er zieht zurück in die Stadt und verkriecht sich in einen schlechtbezahlten Job als Bürohengst. Er stirbt als Gespenst.

Wir wissen mittlerweile viel über dieses schroff gescheiterte Leben Melvilles, vor allem durch die zwei dickleibigen Bände von Hershel Parkers Biographie, die es leider nur auf englisch gibt. Der lange Atem freilich scheint Melvilles Leben, diesem gehetzten, selbstzerstörerischen Fluchtweg ins Nichts, irgendwie unangemessen, und da kann man Elizabeth Hardwicks knappe Darstellung nur begrüßen. Die Autorin bemüht sich zudem um eine elegante, dabei frech überspitzende Darstellung. Ihr Buch liest sich leicht, man muß sich nicht durch den üblichen Ballast aus Faktengeröll und Fußnotenwirrwarr kämpfen, und am Ende der Lektüre hat man gar kein schlechtes Bild von „diesem ehrenwerten, begabten, irrsinnig getriebenen, auf immer an seinen Schreibtisch gefesselten Mann" namens Melville im Kopf. So weit, so gut.

Weniger gut darf man die Züge von Arbeitsverweigerung finden, die in Hardwicks Buch stecken. Am Schluß bedankt sie sich bei Hershel Parker, dessen Melville-Biographie sie „immer und immer wieder zu Rate gezogen" habe, doch sie läßt auch durchblicken, daß sie die reine biographische Spurensuche gar nicht schätzt. Ihr eigenes Buch sei primär Ergebnis der Melville-Lektüre, gesteht sie nonchalant, und da haben wir den Salat. In der Tat erzählt Hardwick die Handlungen von Melvilles Romanen durchweg ausführlicher nach als seinen Lebensgang. Das Leben scheint interessant nur in dem Maße, in dem es sich im Werk niederschlägt.

Am ausführlichsten geht Hardwick auf Melvilles frühe Jahre ein, vor allem auf die Seemannsjahre, doch tut sie das auf dem Umweg übers Werk. Handlungsstränge werden nacherzählt und entweder als unmittelbare autobiographische Aussagen oder, wenn das nicht klappt, als Verschleierung des eigenen Lebens gedeutet. Dieses Verfahren funktioniert recht gut bei Melvilles frühen Büchern, doch schon beim *Moby-Dick* kann der simple Zirkelschluß vom Werk aufs Leben nicht mehr gelingen, und das führt schlichtweg dazu, daß wir nun über Melvilles Biographie nur noch in lapidaren Kürzeln unterrichtet werden. In dem Kapitel „Ehe und *Maskeraden*" stehen nur wenige zusammenfassende Zeilen über Melvilles Eheleben, ansonsten erzählt Hardwick hier vom Innenleben zweier Romane, und das kurze letzte Kapitel ihres Buches, „Tod" überschrieben, beginnt sinnigerweise mit der Jahreszahl 1863, da hatte Melville noch fast dreißig Jahre zu leben – wahrlich ein langer Tod.

Die Reihe, in der dieses Buch erscheint, heißt „Biographische Passionen". Die Melville-Passion ist Elizabeth

Hardwick gewiß nicht abzusprechen, doch biographisch ist sie nur mit Maßen. Auf ihrem speziellen Steckenpferd, der Vermutung einer latenten Homosexualität bei Melville, reitet sie viel herum, ansonsten stellt sie sich auf den Standpunkt, Melvilles Leben sei ein Buch mit sieben Siegeln: „Von Melville muß einfach gesagt werden, daß er sich das Rätsel seines Innenlebens verdient hatte.“ Elizabeth Hardwick drückt sich wortreich darum, an diesem Rätsel zu knabbern; zudem unterlaufen ihr leider auch einige kleinere faktische Fehler. Aber immerhin gelingt es ihr gelegentlich, das kardinale Dilemma in Melvilles Leben wenigstens zu benennen: „Nach einigen Jahren auf See beginnt Melville, noch keine dreißig, unter anständigen, wohl erzogenen Männern und Frauen zu leben, weiß aber viel über ein Leben, von dem sie nichts wissen konnten.“ Was dieses Dilemma für Melville wirklich bedeutete, wissen wir nicht und weiß auch Hardwick nicht. Wir wissen nur, daß Melville sich, freilich wohl nicht bewußt, in ein Scheitern flüchtete, ein Scheitern in der Welt wohlgemerkt, dem gerade die Größe seines Werks entspringt.

Große und kleine Fische
Biographisches über, Essayistisches von Herman Melville

Für Biographen ist Herman Melville Chance und Alptraum zugleich. Eine Chance ist er, weil sein Leben alles enthält, was man für eine ebenso spannende wie vielschichtige Biographie braucht: Höhenflüge und Frustrationen, Erfolge und nachhaltiges Scheitern, abenteuerliche Reisen in zuvor gänzlich unbekannte Weltgegenden und Jahre häuslicher Stille, turbulente Zeiten und eine stetig sich wandelnde schriftstellerische Kreativität, die auf diese Zeiten reagiert. Ein Alptraum aber ist das Unterfangen, über diese zuzeiten schillernde, zuzeiten stumpfe Figur eine Biographie zu schreiben, weil über das grobe Gerüst hinaus gar so viel von ihm nicht bekannt ist und weil das wenige, was man herausbekommen kann, schon bekannt und dokumentiert ist.

Alles, was bekannt ist, steht in der unübertrefflichen Melville-Biographie von Hershel Parker[1], zwei großformatigen Tausendseitern, die vermutlich nie auf deutsch erscheinen werden. Das müssen sie auch nicht, denn die wahren Melville-Fans lesen Parkers Wälzer im Original, und für alle anderen läßt sich das, was darin steht, auch sehr viel knapper darstellen. Alexander Pechmann kommt in seinem 2003 erschienenen Buch über Melvilles „Leben und Werk“[2] mit 350 Seiten aus; unwesentlich mehr benötigt Andrew Delbanco für sein Buch über – wie der Untertitel der Originalausgabe richtig

1 Hershel Parker, *Herman Melville. A Biography*, Bd. 1: 1819-1851, Bd. 2: 1851-1891 (Baltimore: Johns Hopkins Press 1996/2005).

2 Alexander Pechmann, *Herman Melville. Leben und Werk* (Wien: Böhlau 2003).

formuliert – Melvilles „Welt und Werk“[3], das Ende 2007 deutsch unter der irreführenden Bezeichnung „Biographie“ erschienen ist. Delbanco schreibt (wie Pechmann) ausführlich über Melvilles Romane, Erzählungen und Gedichte, die er uns in bisweilen etwas langatmigen deutenden Nacherzählungen präsentiert, und er schreibt (ausführlicher als Pechmann) über die Welt, in der Melville lebte. Melvilles Leben selbst ist über weite Strecken nur indirekt präsent, gewissermaßen als Membran, die die Grenze zwischen Welt und Werk markiert: Zeitgeschichte verwandelt sich in Literatur, weil ein Autor in ihr lebt und aus ihr heraus schreibt. Wo aber bleibt dabei sein Leben?

„Die Ereignisse seines Alltagslebens“ lassen sich „nicht einmal mehr ansatzweise ermitteln“, bekennt Delbanco gleich auf den ersten Seiten und macht Hoffnung, er könne uns „allenfalls an den Rand seines Innenlebens“ führen. Daß die Faktenlage spärlich ist, beklagt Delbanco gar nicht weiter, ist es doch keineswegs sein Ziel, „den Vorrat an Fakten über Melvilles Leben zu vergrößern“ – er erzählt knapp das wenige nach, was ohnehin bekannt ist, und wendet sich sodann wortreich dem Werk und seiner Bedeutung zu. Wir erfahren also wieder, daß Melville in eine großspurige Familie hineingeboren wurde, die jedoch nach Bankrott und Tod des Vaters in nimmerendende Bedrängnis geriet, weswegen der junge Herman (der seinem Vater zufolge ohnehin „sprachlich zurückgeblieben“ war und über „eine etwas schwerfällig Auffassungsgabe verfügte“) nur eine dürftige Schulausbildung erhielt und sich früh nach eigenen Einkünften umsehen mußte. Wir hören von den fünf Jahren zur See, die ihn bis in die Südsee (vielleicht auch „unter Kannibalen“) führten und anschließend ihren Niederschlag in

[3] Andrew Delbanco, *Melville. Biographie*, üb. v. Werner Schmitz (München und Wien: Hanser 2007).

den Romanen *Typee* und *Omoo* fanden, aber wir werden „nie erfahren, wie sehr Melville sich für *Typee* auf eigene Erinnerungen verließ“. Wir lesen von Melvilles allzu kurzer Karriere als Erfolgsschriftsteller und seiner Freundschaft mit dem Kollegen Hawthorne, aber „Einzelheiten ihrer Gespräche werden wir nie erfahren“, und auch eine „detaillierte Rekonstruktion“ der Entstehung des Meisterwerks *Moby-Dick* ist „nicht möglich, da weder das Manuskript noch irgendwelche Notizen erhalten sind.“ Wir müssen uns erneut der Tragödie des berserkerhaft schaffenden Autors aussetzen, der mit seinem Meisterwerk bei Publikum und Kritik scheitert, für das wenige, was er danach noch veröffentlicht, für verrückt erklärt wird und die letzten Jahrzehnte seines Lebens verdämmert, aus finanziellen Gründen gezwungen, einen schlechtbezahlten Posten als Zollinspektor anzunehmen, für den er denkbar ungeeignet ist, da ihn die gewerbeübliche Bestechlichkeit anwidert. Viele dieser letzten Jahre verwendet er auf die Niederschrift des Versepos *Clarel*, „eine heilsame Disziplin für einen Schriftsteller, dessen Erfindungskraft nahezu erschöpft war.“ *Clarel* erscheint in einer Auflage von 350 Exemplaren, von denen ein Drittel verkauft, der Rest eingestampft wird; den Gedichtband *Timoleon, etc.* läßt Melville kurz vor seinem Tod in einer Auflage von nur 25 Exemplaren drucken; selbst der *Moby-Dick* trägt ihm zu Lebzeiten keine 600 Dollar ein.

Die äußere Bilanz dieses Schriftstellerlebens sieht desolat aus: zwanzig bedrückte Jugendjahre, fünf exzessive Wanderjahre, zwölf öffentliche Jahre als zunächst erfolgreicher, dann verhöhnter Schriftsteller, schließlich dreieinhalb Jahrzehnte der Leere, über denen stehen könnte, was Melville im März 1857 in Rom notiert: „An diesem Tag nichts gesehen, nichts gelernt, nichts genossen, aber einiges durchgemacht.“ Was aber genau hat er durchgemacht, wie hat er seine wenigen

Erfolge und seine vielen Tragödien (darunter der Tod beider Söhne) erlebt? Darüber läßt sich spekulieren (Delbanco tut es, beredt und vorsichtig zugleich), doch wissen werden wir es nie. „Die Suche nach dem Privatmann Melville führt fast immer in eine Sackgasse", mahnt Delbanco sich und seine Leser. Wie war Melvilles Ehe? Da helfen „die wenigen Augenzeugenberichte" und „der einzige erhaltene Brief Hermans an Lizzie [...] auch nicht richtig weiter", und natürlich haben wir „keine Aussicht, etwas Genaues über Melvilles Sexualleben zu erfahren." Welche Ursache hatte die Entfremdung von Hawthorne? „Wir wissen es nicht und werden es wohl auch nie erfahren." Wie wurde Melville mit der ganz freudlosen zweiten Hälfte seines Lebens fertig? „Schwarze Jahre waren dies auch in dem Sinne, daß selbst die entschlossensten Forscher kein Licht in sie zu bringen vermochten". Fast für jede beliebige Phase dieses nicht zu beschreibenden Leben gilt: „Über Melvilles Aktivitäten in den folgenden Monaten wissen wir nicht viel".

Wo Delbanco nichts weiß, da weiß er sich immerhin zu helfen. Er macht etwas, was außerordentlich dubios, im Falle Melville aber gar nicht zu umgehen ist: er liest das komplette Werk auf der Suche nach Spuren des nicht zu erschließenden Lebens; er spekuliert darüber, welche Handlungsdetails der frühen Romane auf realen Erfahrungen des Autors beruhen und welche frei erfunden oder aus anderen Büchern abgeschrieben sein mögen; er versucht, Charakterzüge Melvilles und der Menschen seiner Umgebung in den Figuren der Texte zu identifizieren; er schließt von den Stimmungen und Stillagen des Werks auf Gemütsveränderungen Melvilles. Dergleichen ist immer zweifelhaft; um so wichtiger ist es, jedes „vielleicht", jedes „mag sein" und den Zweifel in Formulierungen à la „kann man sich kaum des Eindrucks erwehren" mitzulesen und nichts für wirklich belegt zu halten.

Dies aber ist nicht der einzige Umgang, den Delbanco mit Melvilles Werk pflegt; wichtiger und ergiebiger ist der Zusammenschluß mit Melvilles Welt. Delbancos eigentliche Leistung ist die anschauliche Akribie, mit der er uns New York zur Mitte des 19. Jahrhunderts, die amerikanische Politik und Gesellschaft in jener Zeit und immer wieder die zeitgenössische Debatte um die Abschaffung der Sklaverei vor Augen führt und die einzelnen Facetten des so entstehenden umfassenden Porträts der Melvilleschen Ära dann nutzt, um zeit-, gesellschafts- und kulturkritische Positionen, die in Melvilles Texten angelegt sind, auf sehr überzeugende Weise herauszuarbeiten. Voller Abscheu stand Melville vielen moralischen, rassistischen und politischen Verirrungen seiner Zeitgenossen gegenüber und setzte diesen Abscheu literarisch beherzt um – bisweilen wütend und bisweilen ironisch, manchmal mit mehr und manchmal auch mit weniger großer Virtuosität, oft allegorisch, aber nur selten gehemmt. Melville reagierte in immer neuen Anläufen darauf, daß „das politische System Amerikas vor seinen Augen zugrunde ging"; Ahab ist Delbanco zufolge „der wahnsinnig gewordene amerikanische Traum", der spätere Held Pierre hingegen eher „ein Kitsch gewordener Ahab". Als reifste Leistungen Melvilles sieht Delbanco *Moby-Dick*, „Bartleby", *Benito Cereno* und *Billy Budd*, und er sagt uns, warum.

Wirklich neu ist eigentlich nichts an Delbancos *Melville*, weder die wertende Analyse des Melvilleschen Werks noch der Rückbezug von Figuren und Handlungsabläufen auf literarische, geistes- oder zeitgeschichtliche Anregungen, und das Gerüst der biographischen Fakten schon gar nicht. Aber wir bekommen hier einen gut lesbaren und weitgehend verläßlichen Überblick über alle Facetten von Melvilles Welt an die Hand, der gleichberechtigt neben Alexander Pechmanns *Herman Melville* zu stehen vermag. Pechmanns Darstellung ist nüchterner, sachlicher, orientiert sich eher an geistes- als an zeitgeschichtlichen Hintergründen – wer einen bisweilen blumigen Plauderton und die Perspektive des politischen Historikers vorzieht, ist womöglich bei Delbanco an der besseren Adresse. Ärgern mag sich nur, wer die amerikanische Originalausgabe kennt: von den dort abgedruckten knapp sechzig Abbildungen enthält uns die deutsche Ausgabe fast drei Viertel vor.

Sei's drum – das Erscheinen von Delbancos Biopraphie signalisiert jedenfalls eins: die Melville-Vogue hierzulande, eine fast perfekte Welle, die 1991 mit der ersten Melville-Sondernummer der Zeitschrift *Schreibheft* begann, ist ungebrochen. Nachdem mehrere Verlage in teils konkurrierenden Ausgaben die wichtigsten Hauptwerke des *Moby-Dick*-Autors neuübersetzt vorgelegt haben, wurden mittlerweile auch seine ephemersten Nebentexte in deutscher Sprache zugänglich, nämlich in dem schmalen Band *Die große Kunst, die Wahrheit zu sagen*[4], den Alexander Pechmann übersetzt und gründlich annotiert hat. Pechmann gehört zur Handvoll der besten Melville-Kenner im deutschsprachigen Raum und ist Autor der bereits erwähnten umfangreiche Gesamtdarstellung *Herman Melville: Leben und Werk*; der Kenntnisreichtum, den er damit bewies, kommt dem Melville-Essayband in Gestalt eines kundigen Nachworts zugute, das die Entstehungsbedingungen der einzelnen Texte und ihren Zusammenhang mit Melvilles Gesamtwerk umreißt.

Solche Hilfestellung bei der Einbindung in größere Kontexte ist in der Tat vonnöten, denn die neun Buchrezensionen und Vorträge, die tatsächlich schon das

---

[4] Herman Melville, *Die große Kunst, die Wahrheit zu sagen. Von Walen, Dichtern und anderen Herrlichkeiten*, üb. u. hg. v. Alexander Pechmann (Salzburg und Wien: Jung und Jung 2005).

komplette essayistische Werk Melvilles ausmachen, sind für sich genommen winzig kleine Fischchen, die lediglich als flankierende Begleitung des Wals, der im Zentrum der Melvilleschen Buchstabenozeane schwimmt, von Belang sein können. Ihre Existenz verdanken sie recht nichtigen Anlässen, mehr oder weniger ausführlich rezensiert werden Bücher, die heute zu recht weitgehend vergessen sind. Die eine Ausnahme ist der lange Essay „Hawthorne und sein Moos", geschrieben im ersten Überschwang der noch frischen Bekanntschaft Melvilles mit dem von ihm bewunderten älteren Kollegen Nathaniel Hawthorne. Nachdem Melville noch kurz zuvor an anderen Büchern vor allem zu loben wußte, daß sie „geradlinig, schlicht und offensichtlich wahrheitsgemäß" von der Welt berichten und alle „unangebrachten Ausflüge in die Phantasie" unterlassen, zudem einen „schlichten, unverblümten und wahrhaftigen Stil" pflegen, preist er nun die „mystische Finsternis" Hawthornes und läßt sich bereitwillig „von jenem Mann sanft entführen" und „in ein Netz aus Träumen einspinnen".

Als Lobhudelei grenzt „Hawthorne und sein Moos" passagenweise ans Peinliche, zumal der Text zu einem Zeitpunkt entstand, als Melville sich auch persönlich bei Hawthorne auf keineswegs unaufdringliche Weise einzuschmeicheln begann. Wichtiger aber ist, daß Melville den verehrten Kollegen beherzt auf eine Stufe mit Shakespeare stellt und sogleich anfängt, sich weniger über Hawthorne als vielmehr über die Qualitäten Shakespeares und überhaupt über literarische Größe und Tiefe auszulassen. Indem Melville das tut, formuliert er theoretisierend, was er zur gleichen Zeit mit seinem Romanmonstrum *Moby-Dick* praktisch umzusetzen versucht. „Es ist besser, originell zu scheitern, als erfolgreich zu imitieren", verkündet er: „Der Mann, der niemals nirgendwo gescheitert ist, kann nicht groß werden." Melville selbst macht sich in diesem Moment daran, „groß“ zu werden, und verabschiedet sich damit sehenden Auges von Erfolg und Anerkennung. Im „Beifall der Öffentlichkeit“ erkennt er „ein starkes Indiz für Mittelmäßigkeit“, und aller Mittelmäßigkeit entsagt er von nun an standhaft und konsequent.

Die literarische Rücksichtslosigkeit, die Melville sich hier auf seine Fahnen schreibt (und deren Verwirklichung im *Moby-Dick* aus dem früheren Erfolgsautor einen verhöhnten und verspotteten Mißerfolgler macht), verbietet offenbar auch alle weiteren literaturbetrieblichen Kleinaktivitäten, und so bleibt „Hawthorne und sein Moos“ Melvilles letzte öffentliche Wortmeldung in literarästhetischen Fragen. Finanznöte zwingen ihn allerdings einige Jahre später, sein Glück als Vortragsreisender zu versuchen, und Mitschriften der drei Vorträge „Statuen in Rom“, „Vom Reisen“ und „Die Südsee“ sind im vorliegenden Band ebenfalls abgedruckt. Es sind, um einen Ausdruck Arno Schmidts zu bemühen, ausgesprochene Menageriebilder – zwanglos zusammengelaufene Gedanken eher unverbindlichen Charakters, die zwar mitunter hübsch illustrieren, wie viel Melville von sogenannten unzivilisierten Gesellschaften und wie wenig er von kultureller Konvention und Verstellung hielt, zu einer wirklichen Durchdringung der behandelten Themen aber nicht einmal ansatzweise vorstoßen.

Wer dem Klappentext glaubt, daß „diese Seiten ein kurzweiliger Einstieg und eine notwendige Ergänzung zum vielschichtigen Werk des großen amerikanischen Autors“ seien, muß die Lektüre dieses Bandes als enttäuschend empfinden, denn als Einstieg sind die versammelten Texte durchweg ungeeignet, und auch notwendig ist ihre Kenntnis nur für absolute Melville-Fans. Die allerdings können sich über *Die große Kunst, die Wahrheit zu sagen* rundum freuen – und hoffen, daß die Melville-Vogue noch nicht so schnell verebbt. Noch ist an deutschsprachigen Gestaden nicht alles angespült worden, es fehlen noch die Gedichte und ein Teil der Erzählungen, wünschenswert wären zudem Neuübersetzungen der frühen Romane. Zum Glück haben Melville-Leser gelernt, sich in Geduld zu fassen

Aufzählungen und Abschweifungen
The Great American Novel von Philip Roth

Wenn ein Autor sein Buch schon im Titel hochstaplerisch als den großen Nationalroman bezeichnet, klingt das sehr nach Arroganz. Philip Roth geht sogar noch einen Schritt weiter, denn seinen Roman *The Great American Novel*[1] führt er vom ersten Satz an parallel zum wirklich größten Roman, der je auf amerikanischem Boden geschrieben wurde: zum *Moby-Dick* von Herman Melville. „Nennt mich Smitty“: Diese Eingangsworte zitieren das „Nennt mich Ishmael“ herbei, mit dem der *Moby-Dick* beginnt. Seinen zweiten Absatz dann leitet Philip Roth durch ein zerdehntes „Ah-bah“ ein, das wohl an Kapitän Ahab erinnern soll, und später im Buch dürfen afrikanische Eingeborene „Omoo! Omoo!“ und „Typee! Typee!“ schreien, womit zwei weitere Bücher Melvilles beim Titel genannt wären.

Die Arroganz, sich mit dem Meister Melville auf eine Stufe zu stellen, dürfen wir allerdings nicht dem Autor Philip Roth in die Schuhe schieben. Vielmehr ist sie die Sache seines innerfiktionalen Helden und Erzählers, jenes Smitty, der mit vollem Namen Word Smith heißt, was sich wohl am besten als „Wörterschmied“ übersetzen ließe. In der Schmiede seiner Seele hält dieser Smitty das Feuer des verkannten Schreiberlings am Lodern, der sich seines vertraulichen Umgangs mit amerikanischen Präsidenten, Sportidolen und Schriftstellern rühmt. Freilich ist das alles lange her; inzwischen sitzt er als Tattergreis im Pflegeheim und versucht, im Wettlauf mit dem Tod eben jenen großen amerikanischen Roman zu schreiben. Den Auftrag dazu hat er, wie wir im Prolog erfahren, von nie-

---

1 Philip Roth, *The Great American Novel*, Roman, üb. v. Werner Schmitz (München: Hanser 2000).

mand Geringerem als Ernest Hemingway bekommen. Als Richtmarken für sein Werk nennt er Hawthornes *Scharlachroten Buchstaben* und Mark Twains *Huckleberry Finn*, doch der Modellcharakter dieser klassischen Texte beschränkt sich auf Äußerlichkeiten. Im Hintergrund aber lauert *der Moby-Dick*, dessen ästhetisches Prinzip übernommen wird.

Und dieses Prinzip lautet: Exzeß. Unser Wörterschmied Smitty ist ein „wandelndes Lexikon", ein exzessiver Buchstabendrechsler, der um die Wonnen der erschöpfenden Aufzählung weiß. Aus dem Stand kann er einen seitenlangen Katalog von Namen oder Begriffen herbeten, die alle mit demselben Buchstaben anfangen, und wo das noch nicht reicht, um stapelweise Seiten zu füllen, da überläßt er sich freudig dem Hang zur Abschweifung. Es kann kaum verwundern, das ein solcher Erzähler bei Melville das ideale Schreibrezept findet. Das Rezept heißt schlicht und einfach: Man nehme ein möglichst abseitiges Thema und handle es in extenso bis in die letzte Verästelung ab, so lange, bis dieses Thema gleichsam den ganzen Kosmos ausfüllt und sinnbildlich alle Grundsatzfragen und wesentlichen Aspekte der Menschenexistenz zu illustrieren vermag. Bei Melville ist dieses abseitige Thema bekanntlich der Walfang; Philip Roth läßt seinen Smitty auf etwas ebenso Heroisches verfallen: auf den Baseball-Sport. Der ist, wie es leitmotivisch heißt, der „nationale Zeitvertreib" Amerikas und damit für ein Nationalepos besser geeignet, als wir Europäer uns das vorstellen können. Nur geht es dem ehemaligen Sportkolumnisten Smitty gar nicht um ein Epos, sondern um einen Feldzug gegen das Vergessen, und an der Verve, mit der dieser Feldzug betrieben wird, liegt es, daß ihm sein Stoff dabei völlig zerfällt.

Über lange Kapitel türmt Smitty Episode auf Episode und Abschweifung auf Abschweifung, ohne daß daraus auch nur ansatzweise so etwas wie eine zusammenhängende Geschichte würde. Paradoxerweise geht nun aber gerade von dieser Disparatheit, von der stofflichen Partikularisierung des enzyklopädischen Ansatzes eine gewaltige Faszination aus. Smitty will uns alles erzählen, was er (und nur er) über die verschollene Mannschaft der Ruppert Mundys weiß, und über die weiß er schlechthin alles. Ein ganzes Kapitel lang wird eine Spielerbiographie nach der anderen abgehandelt, aber erstaunlicherweise ist das gar nicht ermüdend, sondern artet in einen betörenden Aberwitz aus. Auf umständliche Weise werden Spielsituationen geschildert, und komischerweise muß man sich gar nicht für Baseball interessieren und die Regeln nicht durchschauen, um sich von Smittys Feuereifer anstecken zu lassen. Selbst die Statistiken und Ergebnislisten und mathematischen Formeln, die in den Text Eingang finden, entfalten eine ungeahnte poetische Kraft.

Allmählich schält sich aus den vielen Einzelaspekten freilich doch ein Leitmotiv heraus, und das ist das Jammertal des permanenten Verlierens. Im Kriegsjahr 1943 stellen die Mundys alle Rekorde der Liga auf, allerdings in negativer Hinsicht: Man verliert am laufenden Band und ist bald „der schlechteste Tabellenletzte der Geschichte“. Das rührt nicht zuletzt daher, daß dem Club aus militärischen Gründen das Stadion weggenommen wird, so daß man nur noch Auswärtsspiele hat; und es rührt daher, daß das so genannte Spielermaterial immer schlechter wird und sogar Einarmige, Einbeinige, Kleinwüchsige und Neurotiker mitspielen müssen. Patriotismus und Außenseitertum kollidieren auf gefährliche Weise; die eingefleischten Chauvinisten, die es gewohnt sind, auf „Juden, Nigger, Kommunisten, Krüppel, Zwerge und andere Mißgeburten“ zu schimpfen, werden plötzlich selbst mit Schimpf und Schande überschüttet.

Es ist kein Wunder, daß an dieser Stelle eine „lange Abschweifung über Baseball und Barbarei“ eingeschaltet wird, doch die spielt in Afrika und dient der Ablenkung. Die wahre Barbarei findet unter den amerikanischen Patrioten statt, die sich im eigenen Land ausgegrenzt finden und darauf mit Verschwörungstheorien reagieren. Nachdem der in Ungnade gefallene Starspieler Gil Gamesh aus der Versenkung auftaucht und einen Strudel aus Haß und Mord und Totschlag inszeniert, ist der allgemeine Untergang nicht mehr aufzuhalten. „Aber das ist doch kein Baseball mehr!“, stöhnt mancher Spieler und ist durchaus im Recht: Philip Roth hat sein Thema versenkt wie Melvilles weißer Wal das Schiff von Kapitän Ahab. Was bleibt, sind Trümmer.

Was bleibt, ist aber auch ein Buch, das trickreicher und selbstironischer ist als alles, was Philip Roth je geschrieben hat. Natürlich kommt diese Persiflage auf den nationalen Traum vom großen amerikanischen Roman nicht wirklich mit dem Anspruch daher, ein solcher zu sein – aber in der Raffinesse, mit der *The Great American Novel* alle Großtuerei unterminiert, steckt dann doch eine schalkische Art von Größe. Wenn das Arroganz ist, dann ist es die subversive Arroganz des Tiefstaplers.

Checkliste: Melville → Rathjen

1991

Friedhelm Rathjen: „Falsche Füchse, phallische Pferde. ‚Whistlejacket' – wie John Hawkes aus Bildern Geschichten konstruiert." In: *Süddeutsche Zeitung*. Nr. 4 (12./13. Januar 1991), S. 202. (Rezension von: John Hawkes: *Whistlejacket*. Üb. v. Werner Schmitz. Ravensburg: Selinka 1990. Die Rezension benennt kurz den Zusammenhang mit Melvilles *White-Jacket*.)

Herman Melville: „Moby Dick oder Der Wal. Moby Dick (Kapitel 41)." Üb. v. Friedhelm Rathjen. In: *Schreibheft. Zeitschrift für Literatur*. Hg. v. Norbert Wehr. Nr. 37 (Mai 1991), S. 55-61.

Herman Melville: „Timoleon" (= drei Gedichte: „Monodie" / „In einem Seitenkanal" / „Aus Der Parthenon. I: Droben aus der Ferne gesehen"). Üb. v. Friedhelm Rathjen. In: *Schreibheft. Zeitschrift für Literatur*. Hg. v. Norbert Wehr. Nr. 37 (Mai 1991), S. 169-172.

Friedhelm Rathjen: „Kleine Notiz zu Melville und James Joyce." In: *Schreibheft. Zeitschrift für Literatur*. Hg. v. Norbert Wehr. Nr. 37 (Mai 1991), S. 189 f.

1992

Friedhelm Rathjen: „Kleine Notiz zu Melville und James Joyce." In: ders.: *Bargfeld → Dublin. Mit Arno Schmidt zurück zu James Joyce. Dialoge • Rezensionen • Komparatistisches*. Frankfurt am Main: Bangert & Metzler 1992, S. 195-199. (Nachdruck aus dem *Schreibheft* von 1991.)

Friedhelm Rathjen: „Raymond Federman: ‚Now then / nun denn. Auto ... Bio ... Graphic'. Zur Ganzheit der eigenen Existenz parallel." In: *Basler Zeitung*. Nr. 229 (30. September 1992), Beilage „Neue Bücher", S. 6 f. (Darin S. 6: „Hanns-Josef Ortheil war es, der sich unlängst in einer als Rezension von Raymond Federmans Poetik-Lektionen ‚Surfiction: Der Weg der Literatur' getarnten dummdreisten Polemik in der ‚Zeit' heftig gegen Federman im besonderen und selbstreflexive Literatur im allgemeinen ereiferte: ‚Lesen ist restriktiv und langweilig geworden, meint Federman – kein Wunder bei so viel Selbstreflexion.‘ Daß diese blindwütige Bausch-und-Bogen-Attacke ausgerechnet von einem Jean-Paul-Biographen kommt, mag in besonderer Weise überraschen, wäre doch Jean Paul (wie Laurence Sterne und Herman Melville) ein schönes Beispiel für Federmans (von Ortheil veralberte) Behauptung, ‚daß Schriftsteller einfach nur die Unmöglichkeit zu schreiben offenbaren‘.“)

1993

Herman Melville: *Hunilla, die Chola-Witwe. Briefe an Nathaniel Hawthorne und eine Erzählung*. Herausgegeben und mit einer Nachbemerkung versehen von Norbert Wehr. Aus dem Englischen übersetzt von Friedhelm Rathjen. Berlin: Friedenauer Presse 1993.

Herman Melville: *Moby-Dick; oder: Der Wal*. Aus dem Englischen von Friedhelm Rathjen. Typoskript, Oktober 1993. (Erstellt seit 1991 für eine von Norbert Wehr, Paul Ingendaay und Hermann Wallmann projektierte Melville-Gesamtausgabe, die im geplanten Umfang nicht zustande kommt. Die Übersetzung wird durch den Hanser-Verlag mit Vertrag vom September/November 1994 eingekauft, aber aufgrund von Schwierigkeiten mit der Finanzierung zunächst nicht publiziert. Die Initiatoren und ursprünglichen Herausgeber Wehr, Ingendaay und Wallmann steigen im Verlauf des Jahres 1996 aus dem Projekt aus. Nach einem Wechsel der Zuständigkeiten innerhalb des Verlags wird erst im November 1998 mit Daniel Göske ein neuer Herausgeber für die Melville-Ausgabe bestallt; Göske behagt allerdings die vorliegende *Moby-Dick*-Übersetzung nicht, er möchte sie durch seinen Mitarbeiter Matthias Jendis überarbeiten lassen. Über die Grundzüge dieser Überarbeitung treffen Göske, Rathjen und Jendis am 31. August 1999 in Göttingen mündlich eine generelle Übereinkunft.)

1994

Herman Melville: „Nasenlos großartig." Üb. v. Friedhelm Rathjen. In: Wolf Frey & Heinrich Grün: *Das Nasenbuch.* Frankfurt am Main: Eichborn 1994, S. 41 f. (Einzige Teilpublikation aus dem *Moby-Dick* mit der Übersetzernennung „Friedhelm Rathjen" und dem Copyright-Vermerk „C. Hanser Verlag".)

Friedhelm Rathjen: „Umziehn: Von Findelkindern der Wurzellosigkeit. Schmidt, Rushdie und Joyce wider den Kulturpurismus." In: Rolf Lettner-Zimsäckerl (Hg.): *Zettelkasten 13. Aufsätze und Arbeiten zum Werk Arno Schmidts. Jahrbuch der Gesellschaft der Arno-Schmidt-Leser 1994.* Frankfurt am Main / Wiesenbach: Bangert & Metzler 1994, S. 225-271. (Darin S. 267 f.: „Dieses Zwitterhafte der Romangattung als ganzer spiegelt sich in der ästhetischen Struktur ihrer bedeutendsten Beispiele. Die Geschichte des großen Romans schlechthin ist die Geschichte eines gebrochenen, ambivalenten Verhältnisses zum Formwillen; formale und inhaltliche Brüche und Inkonsistenzen und Bastardisierungen, ein ständiges Spannungsverhältnis zwischen Universalisierung und Fragmentarisierung kennzeichnen die Entwicklung vom *Don Quijote* und dem *Tristram Shandy* über *Moby-Dick* und den *Ulysses* bis hin zum *Abend mit Goldrand* und den *Satanischen Versen.* Nun waren zumindest die Autoren der hier genannten Gattungsbeispiele auch allesamt Migranten im engeren oder zumindest weiteren Sinne: Cervantes verbrachte beispielsweise Jahre in algerischer Gefangenschaft; Laurence Sterne war herkunftsmäßig ein Zwitter mit sowohl irischem als auch englischem Hintergrund, von dem geistigen Zwittertum aus klerikalen wie antiklerikalen Neigungen ganz zu schweigen; Melvilles langjährige Reiseerfahrungen schlossen auch Desertion und Zivilisationsflucht ein; Joyce war ebenso ein freiwilliger Exilant wie Rushdie.")

1995

Friedhelm Rathjen: „Crisis? What Crisis?" In: Christian Döring (Hg.): *Gegenwartsliteratur. Wider ihre Verächter.* Frankfurt am Main: Suhrkamp 1995, S. 9-17. (Darin S. 10: „Das oft gehörte Lob amerikanischer *creative-writing*-Qualitäten macht es offenbar: gefragt ist die Orientierung an der Richtschnur des *mainstream*, vielleicht gewürzt mit einem Schuß (inhaltlicher) Exotik, aber nicht ihre Übertretung. Zur Erinnerung: Herman Melville war ein leidlich erfolgreicher *mainstream*-Schreiber, bevor er mit dem *Moby-Dick* herauskam; nachdem der aber erschien, erklärte ihn die Kritik für durchgedreht und völliger Unfähigkeit anheimgefallen. (Und zur Ehrenrettung dieser Kritiker sei gesagt, daß sie nach ihren Maßstäben recht hatten: *Moby-Dick* ist sprachlich ungelenk, formal inkonsequent, handwerklich mißlungen – und nicht zuletzt deshalb vielleicht der größte Roman, der jemals in Amerika geschrieben wurde, weit entfernt von allem *creative-writing*-Murks.)“)

1996

Friedhelm Rathjen: „Salman Rushdies Modell einer Literatur der Migration.“ In: *Das Argument. Zeitschrift für Philosophie und Sozialwissenschaften.* 38. Jahrgang Heft 3, = Nr. 215 (1996), S. 395-403. (Gekürzte Fassung des *Zettelkasten*-Aufsatzes von 1994.)

1998

Charles Olson: *Ich jage zwischen Steinen. Briefe und Essays.* Herausgegeben und mit einem Nachwort von Rudolf Schmitz. Aus dem Amerikanischen von Friedhelm Rathjen, *An Gerhardt,...* von Klaus Reichert. Bern – Berlin: Verlag Gachnang & Springer 1998. (Enthält etliche Verweise auf Melville.)

1999

Friedhelm Rathjen: Zurückweisende Stellungnahme zu einem kritischen Gutachten von Daniel Göske und Matthias Jendis über Rathjens *Moby-Dick*-Übersetzung. Schreiben an den Hanser-Verlag, 2. Juli 1999; unveröffentlicht.

2000

[Stefan Ripplinger]: „Wie seit 5000 Jahren.“ In: *Die Republik.* Hg. v. Petra und Uwe Nettelbeck. Nr. 109 (12. Dezember 2000), S. 1-68. (Inkorporiert als unautorisiertes Komplettzitat die „Kleine Notiz zu Melville und James Joyce“ aus dem *Schreibheft* von 1991.)

Friedhelm Rathjen: „Baseball oder Das Jammertal des permanenten Verlierens. ‚The Great American Novel‘: Über ein Buch, das trickreicher und selbstironischer ist als alles, was Philip Roth bisher geschrieben hat.“ In: *Basler Zeitung*. Nr. 293 (15. Dezember 2000), S. 57. (Rezension von: Philip Roth: *The Great American Novel*. Üb. v. Werner Schmitz. München: Hanser 2000. Die Rezension benennt auch den Zusammenhang mit Melvilles *Moby-Dick*.)

2001

Herman Melville: *Moby-Dick oder Der Wal*. Deutsch von Friedhelm Rathjen. München: Hanser, unveröffentlichtes Typoskript, Januar 2001. (Als Druckvorlage eingerichtete Datei der von Jendis bearbeiteten Übersetzung. Sie wird am 19. Januar 2001 dem Übersetzer zur Billigung vorgelegt, die dieser allerdings verweigert, da er mit den gravierenden Veränderungen nicht einverstanden ist. Nach fruchtlosen Versuchen, zu einer Einigung zu kommen, wird auf Vorschlag des Übersetzers der Übersetzervertrag von 1994 dergestalt aufgelöst, daß der Verlag dem Übersetzer sämtliche Rechte an seiner Übersetzung in vollem Umfang und ohne alle weiteren Ansprüche zurückgibt und der Übersetzer gleichzeitig erklärt, an der redigierten Fassung keinerlei Urheberrecht zu besitzen; das alleinige Urheberrecht an der redigierten Fassung fällt damit an Matthias Jendis.)

Friedhelm Rathjen: „Aus den Akten gekramt: Daten & Details aus der Moby-Dick-Geschichte. Chronologie 1990-2000.“ Kompilation zur internen Dokumentation der Entwicklung einer Katastrophe, 7. Februar 2001; unveröffentlicht.

Friedhelm Rathjen: „Moby-Dick-Chronologie 2001.“ Kompilation zur internen Dokumentation des Eintritts einer Katastrophe, 7. Februar 2001; unveröffentlicht.

Herman Melville: „Ahab. Die Wirklichkeit ließ das Fassungsvermögen hinter sich zurück: Kapitel XXVIII aus dem

Roman ‚Moby-Dick'." Üb. v. Friedhelm Rathjen. In: *Frankfurter Rundschau*. Nr. 221 (22. September 2001), S. 23.

Friedhelm Rathjen: „Die Schrecken der Farbe Weiß. Übersetzung oder Untertreibung? Wer Melville eindeutschen will, muss sich entscheiden." In: *Frankfurter Rundschau*. Nr. 221 (22. September 2001), S. 23.

Herman Melville: „Moby-Dick; oder: Der Wal. Kapitel XXIV-LII." Üb. v. Friedhelm Rathjen. In: *Schreibheft. Zeitschrift für Literatur*. Hg. v. Norbert Wehr. Nr. 57 (September 2001), S. 7-126. (Ausschnitte aus der Übersetzung von 1993 in einer vom Übersetzer und vom Herausgeber durchgesehenen Fassung.)

Friedhelm Rathjen: „Fährendienste. Öffentliche Erinnerungen und Bekenntnisse eines selbstgerechten Übersetzers." In: *Schreibheft. Zeitschrift für Literatur*. Hg. v. Norbert Wehr. Nr. 57 (September 2001), S. 127-137.

Herman Melville: *Moby-Dick oder Der Wal*. Deutsch von Matthias Jendis. München: Hanser 2001. (Buchausgabe der Übersetzungsfassung vom Januar 2001, teils weiter nachbearbeitet. Gemäß Auflösungsvertrag vom Februar wird in der Danksagung erwähnt, daß die erste Fassung dieser Übersetzung von Friedhelm Rathjen erstellt wurde.)

Guido Graf / Norbert Wehr: „Walgesänge. Herman Melville, *Moby-Dick* und die Musik." Aus dem Amerikanischen von Friedhelm Rathjen und Werner Schmitz. Gesprochen von Christian Brückner, Chris Alexander, Wolfdietrich Sprenger, Barbara Bongartz, Guido Graf und Norbert Wehr. Musik von Laurie Anderson, Paul Winter, Nomeansno, Klaus Schulze, Yosuke Yamashita, Lou Reed, Ernst Reijseger, Led Zeppelin und Pixies. In: Westdeutscher Rundfunk / Radio Bremen, November 2001. (Darin Ausschnitte aus den Übersetzungen von Melvilles *Moby-Dick* und der Briefe an Nathaniel Hawthorne.)

2002

Friedhelm Rathjen: „Wal-Kampf." In: *Infoblatt*. Hg. v. ADÜ Nord. Nr. 2 (April 2002), S. 17. (Leserbrief zum Nachdruck von Dieter E. Zimmers mit Fehlinformationen behafteter Rezension „Adolf Atta Ahab“ aus der *Zeit* im vorherigen Heft.)

Friedhelm Rathjen: „Fährendienste (2001). Öffentliche Erinnerungen und Bekenntnisse eines selbstgerechten Übersetzers.“ In: *deutschideen. Interkulturelle Beziehungen.* Erarbeitet von Marina Dahmen, Katrin Jacobs, Martin Kottkamp. Hannover: Schroedel 2002, S. 76 f. (Ausschnitte aus dem *Schreibheft*-Aufsatz von 2001.)

2003

Friedhelm Rathjen: „Seemannsjahre eines Dichters. Passioniert, aber wenig biografisch: Elizabeth Hardwicks Essay über Herman Melville.“ In: *Frankfurter Rundschau.* Nr. 1 (2. Januar 2003), S. 14. (Rezension von: Elizabeth Hardwick: *Herman Melville.* Üb. v. Bernhard Robben. München: Claassen 2002.)

2004

Herman Melville: *Moby-Dick; oder: Der Wal.* Deutsch von Friedhelm Rathjen. Mit 269 Illustrationen von Rockwell Kent. Herausgegeben von Norbert Wehr. Im Anhang ein Essay von Jean-Pierre Lefebvre über „Die Arbeit des Wals“, zeitgenössische Dokumente aus dem Quellgebiet des Romans, u.a. von Owen Chase und Jeremiah Reynolds, ferner Melvilles Essay „Hawthorne und seine Moose“ sowie sieben Briefe an Sophia Hawthorne und Nathaniel Hawthorne. Frankfurt: Zweitausendeins 2004, ^{2}2004, ^{3}2011. (Komplettausgabe der Übersetzung von 1993 in einer vom Übersetzer nochmals durchgesehenen und von Norbert Wehr und Katharina Narbutovič in Abstimmung mit dem Übersetzer redigierten Fassung. Darin: S. 947-958: Friedhelm Rathjen: „Wie ich Herman Melvilles *Moby-Dick* neu übersetzt habe.“)

Dorothea Dieckmann: „Texttreu oder lesbar? Diskussion um *Moby-Dick*-Übersetzungen.“ In: Deutschlandfunk, 8. Dezember 2004, „Büchermarkt“. (Inkorporiert Interview-Äußerungen von Friedhelm Rathjen.)

David Eisermann: „Friedhelm Rathjens Übersetzung von *Moby-Dick*.“ In: Westdeutscher Rundfunk, 3. Hörfunkprogramm,

27. Dezember 2004, „Mosaik“. (Inkorporiert Interview-Äußerungen von Friedhelm Rathjen.)

2005

Friedhelm Rathjen: „Moby-Dick-Chronologie 2001-2004.“ Kompilation zur internen Dokumentation der Überwindung und ausgewählter Nachwehen einer Katastrophe, 4. Januar 2005; unveröffentlicht. (Fortführung der Chronologie von 2001.)

Friedhelm Rathjen: „ALLES.ZIP. Wie Melville, Joyce und Beckett die Welt verpacken.“ In: ders.: *weder noch. Aufsätze zu Samuel Beckett*. Scheeßel: Edition ReJoyce 2005, S. 83-110. (Deutsche Fassung eines ursprünglich englischsprachigen Vortrags vom *XVI International James Joyce Symposium*, Triest 2002.)

Friedhelm Rathjen: „Kleine Fische. Die gesammelten Essays und Vorträge Herman Melvilles.“ In: *literaturkritik.de*. Nr. 9 (September 2005), <http://www.literaturkritik.de/public/rezension.php?rez_id=8512>. (Rezension von: Herman Melville: *Die große Kunst, die Wahrheit zu sagen. Von Walen, Dichtern und anderen Herrlichkeiten*. Üb. v. Alexander Pechmann. Salzburg: Jung und Jung 2005.)

Friedhelm Rathjen: „Mit Blake und Borrow von Bargfeld nach Blickwedel. Zum Zitatismus in Arno Schmidts *Wasserstraße*.“ In: Guido Erol Öztanil (Hg.): *Zettelkasten 24. Aufsätze und Arbeiten zum Werk Arno Schmidts. Jahrbuch der Gesellschaft der Arno-Schmidt-Leser 2005*. Wiesenbach: Bangert & Metzler 2005, S. 211-271. (Benennt auch zitatorische Verbindungen zu Melvilles *Billy Budd* und *Moby-Dick*.)

2006

Friedhelm Rathjen: „TOTALITY.ZIP: How Melville, Joyce, and Beckett Unzip the World.“ In: *Papers on Joyce*. No. 10/11 (2004-2005), S. 197-208. (Druckfassung des Vortrags vom *XVI International James Joyce Symposium*, Triest 2002.)

Friedhelm Rathjen: „Mobile Dicke. Geklautes Volumen bei Sorrentino, Flanagan, Roth.“ In: ders.: *Durch dick und dünn. Über Marianne Fritz, Gertrude Stein, Arno Schmidt, António Lobo Antunes und andere Autoren von Gewicht.* Scheeßel: Edition ReJoyce 2006, S. 73-82. (Inkorporiert eine erweiterte Fassung der Roth-Rezension aus der *Basler Zeitung* von 2000.)

Herman Melville: *Moby-Dick; oder: Der Wal.* Gelesen von Christian Brückner. Deutsch von Friedhelm Rathjen. 30 Stunden auf 2 MP3-CDs. Beibuch von Katharina Theml und Martin Weinmann. Frankfurt am Main: Zweitausendeins 2006, [2]2011. (Hörbuch der 2004 publizierten Übersetzung. Im Beibuch, S. 52-62: titelloser Nachdruck von Friedhelm Rathjen: „Wie ich Herman Melvilles *Moby-Dick* neu übersetzt habe.")

Friedhelm Rathjen: „The Making of ‚Gelehrtenrepublik'. Tagebuch einer Schwangerschaft Arno Schmidts." In: *Bargfelder Bote. Materialien zum Werk Arno Schmidts.* Lfg. 291-292 (Oktober 2006), S. 3-20. (Darin S. 6: *„10. Januar 1957:* Schmidt erhält eine gekürzte Ausgabe von Herman Melvilles klassischem Walfangroman ‚Moby-Dick, or, The Whale', der zu weiten Teilen im Pazifik (im weiteren Sinne also im Gebiet um die ‚Gelehrtenrepublik') spielt; in Kapitel 78 des Romans ist mehrmals von einem ‚iron-bound bucket' die Rede, was womöglich auf Schmidts Beschreibung seiner IRAS als ‚iron=bound' abfärbt. – Der ‚Moby-Dick' ist eine von auffällig vielen Bucherwerbungen Arno Schmidts im Jahr 1957, die als Reiseromane oder Reiseberichte bezeichnet werden können.")

Friedhelm Rathjen: „Übersetzung oder Untertreibung? Wer Melville eindeutschen will, muß sich entscheiden." In: *Das Gedächtnis bilden – Wie bildet das Gedächtnis? Dokumentation einer Vortragsreihe am Gymnasium i.E. Rhauderfehn 2005/2006. Edition.1.* Hg. v. Jörg W. Rademacher. Rhauderfehn/Ostfriesland: Gymnasium Rhauderfehn 2006, S. 24 f. (Nachdruck des Aufsatzes aus der *Frankfurter Rundschau* von 2001.)

2007

Charles Olson: „Brief für Melville 1951: geschrieben, um MIT ABSTAND zur ‚Hundertjahr-Geburtstagsfeier' der Melville-Society für MOBY-DICK am Williams College, Tag-der-Arbeit-Wochenende, 2.-4. Sept. 1951, gelesen zu werden." Üb. v. Friedhelm Rathjen. In: *Schreibheft. Zeitschrift für Literatur*. Hg. v. Norbert Wehr. Nr. 68 (März 2007), S. 145-151.

Friedhelm Rathjen: „Arno Schmidts hundert Amis. Kommentiertes Register der von Schmidt rezipierten amerikanischen Autoren." In: ders.: *Westwärts. Arno Schmidt und die amerikanische Literatur*. Scheeßel: Edition ReJoyce 2007, S. 183-265. (Darin: S. 222: „Melville, Herman (1819-91)".)

Herman Melville: *Moby-Dick; oder: Der Wal*. Deutsch von Friedhelm Rathjen. Mit 269 Illustrationen von Rockwell Kent. Herausgegeben von Norbert Wehr. Im Anhang ein Essay von Jean-Pierre Lefebvre über „Die Arbeit des Wals", zeitgenössische Dokumente aus dem Quellgebiet des Romans, u.a. von Owen Chase und Jeremiah Reynolds, ferner Melvilles Essay „Hawthorne und seine Moose" sowie sieben Briefe an Sophia Hawthorne und Nathaniel Hawthorne. Hamburg: marebuchverlag 2007. (Identischer Nachdruck der Zweitausendeins-Ausgabe von 2004. Darin: S. 947-958: Friedhelm Rathjen: „Wie ich Herman Melvilles Moby-Dick neu übersetzt habe.") Beilage: Herman Melville: *Moby-Dick; oder: Der Wal*. Gelesen von Christian Brückner. In der Übersetzung von Friedhelm Rathjen. (Hörbuchfassung von 2006 ohne das Beibuch.)

Herman Melvilles *Moby Dick* [sic] gelesen von Christian Brückner. Deutsch von Friedhelm Rathjen. Booklettext von Susanne Reininger und Uwe Kauss. Frankfurt am Main: Baumhaus 2007. (Hörbuchfassung von 2006 auf 26 Audio-CDs in komplett anderer Aufmachung mit neuem Booklet, entstanden ohne Beteiligung des Übersetzers.)

Friedhelm Rathjen: „Elizabeth Hardwick: *Herman Melville*." In: ders.: *Die Kunst des Lebens. Biographische Nachfor-*

schungen zu Arno Schmidt & Consorten. Scheeßel: Edition ReJoyce 2007, S. 146 f. (Nachdruck der Rezension aus der *Frankfurter Rundschau* von 2003.)

2008

Friedhelm Rathjen: „Ein Gang durch Melvilles Welt. Andrew Delbanco verknüpft in seiner gelungenen Melville-Biografie Zeitgeschichte und Werkinterpretation." In: *Die Zeit.* Nr. 3 (10. Januar 2008), S. 47. (Rezension von Andrew Delbanco: *Melville. Biographie.* Üb. v. Werner Schmitz. München: Hanser 2007.)

Friedhelm Rathjen: „Mit Blake und Borrow von Bargfeld nach Blickwedel. Zum Zitatismus in Arno Schmidts ‚Wasserstraße'." In: ders.: *Inselwärts. Arno Schmidt und die Literaturen der britischen Inseln.* Scheeßel: Edition ReJoyce 2008, S. 117-164. (Erweiterter Nachdruck aus dem *Zettelkasten* von 2005.)

Friedhelm Rathjen: „The Making of *Gelehrtenrepublik.* Tagebuch einer Schwangerschaft Arno Schmidts." In: ders.: *Textarbeit, Textvergnügen. Einzeltextstudien zu Arno Schmidt.* Scheeßel: Edition ReJoyce 2008, S. 71-102. (Nachdruck des Aufsatzes aus dem *Bargfelder Boten* von 2006.)

Friedhelm Rathjen: „Monodie" (nach Herman Melville, „Monody"), „Droben aus der Ferne gesehen" (nach Herman Melville, „Seen Aloft From Afar"). In: ders.: *Fünfzig. Neunundvierzig Gedichte und ein Echotext.* Scheeßel: Edition ReJoyce 2008, S. 64, 65. (Nachdruck der Melville-Übertragungen aus dem *Schreibheft* von 1991.)

2009

Friedhelm Rathjen: „‚zu lieb, als daß ich mich da plagen möchte'. Fünfzig Bücher, die Arno Schmidt nicht übersetzte." In: ders.: *Der Bücherfresser. Arno Schmidt als Wiederverwerter.* Scheeßel: Edition ReJoyce 2009, S. 105-135. (Darin S. 111: „Herman Melville: *Moby-Dick; or, The Whale* (1851)".)

Herman Melville: *Moby-Dick; oder: Der Wal.* Deutsch von Friedhelm Rathjen. Frankfurt am Main: Fischer Taschenbuch Verlag 2009, [2]2010, [3]2011, [4]2012, [5]2014. (Lizenzausgabe der Zweitausendeins-Übersetzung von 2004 im Neusatz und mit stark reduziertem, umgruppiertem Anhang, erstellt ohne Beteiligung und Nennung des ursprünglichen Herausgebers. Darin S. 901-914: Friedhelm Rathjen: „Nachbemerkung des Übersetzers. Wie ich Herman Melvilles Moby-Dick neu übersetzt habe.")

Friedhelm Rathjen: „Fährendienste. Öffentliche Erinnerungen und Bekenntnisse eines selbstgerechten Übersetzers." In: ders.: *Quadratur des Kreises. Zum Übersetzen.* Scheeßel: Edition ReJoyce 2009, S. 9-42. (Stark erweiterte und ergänzte Fassung des Aufsatzes aus dem *Schreibheft* von 2001.)

2010

Friedhelm Rathjen: „Umziehn: Von Findelkindern der Wurzellosigkeit. Schmidt, Rushdie und Joyce wider den Kulturpurismus." In: ders.: *Bargfeld Transfer. Studien zu Arno Schmidt als Übersetzer und Transformator.* Scheeßel: Edition ReJoyce 2010, S. 81-109. (Nachdruck des *Zettelkasten*-Aufsatzes von 1994.)

Herman Melville: „Die Predigt." In: German Neundorfer (Hg.): *Ganz blaues Meer. Eine literarische Seefahrt.* Frankfurt am Main: Fischer Taschenbuch Verlag 2010, S. 178-189. (Auszug aus der *Moby-Dick*-Übersetzung von 2004 in Lizenz von Zweitausendeins.)

Friedhelm Rathjen: „TOTALITY.ZIP. How Melville, Joyce, and Beckett Unzip the World." In: ders.: *Irish Company. Joyce & Beckett and more.* Scheeßel: Edition ReJoyce 2010, S. 121-130. (Nachdruck der Druckfassung aus *Papers on Joyce* von 2006.)

Friedhelm Rathjen: „Crisis? What Crisis? Zum Stand der deutschsprachigen Literatur 1995." In: ders.: *Crisis? What Crisis? Handreichungen und Fußnoten zur Weltliteratur.* Scheeßel: Edition ReJoyce 2010, S. 7-11. (Nachdruck des Aufsatzes aus dem Band *Gegenwartsliteratur* von 1995.)

Friedhelm Rathjen: „Metapher für die gesamte Menschheit. Salman Rushdies Modell einer Literatur der Migration." In:

ders.: *Crisis? What Crisis? Handreichungen und Fußnoten zur Weltliteratur*. Scheeßel: Edition ReJoyce 2010, S. 85-99. (Nachdruck des *Argument*-Aufsatzes von 1996.)

2011

Friedhelm Rathjen: „Aufzählungen und Abschweifungen. *The Great American Novel* von Philip Roth." In: ders.: *Ach, Amerika! Literatur, Leben, Landschaft*. Scheeßel: Edition ReJoyce 2011, S. 45-47. (Nachdruck der Rezension aus der *Basler Zeitung* von 2000.)

Friedhelm Rathjen: „Große und kleine Fische. Biographisches über, Essayistisches von Herman Melville." In: ders.: *Ach, Amerika! Literatur, Leben, Landschaft*. Scheeßel: Edition ReJoyce 2011, S. 49-54. (Erweiterte Zusammenschrift der Rezensionen aus *liteaturkritik.de* von 2005 und aus der *Zeit* von 2008.)

Friedhelm Rathjen: „Falsche Füchse, phallische Pferde. Ein Reitroman von John Hawkes." In: ders.: *Ach, Amerika! Literatur, Leben, Landschaft*. Scheeßel: Edition ReJoyce 2011, S. 69-71. (Nachdruck der Rezension aus der *Süddeutschen Zeitung* von 1991.)

Friedhelm Rathjen: „‚Die Geschichte? Stets dieselbe.' Zu einigen Büchern von Raymond Federman." In: ders.: *Ach, Amerika! Literatur, Leben, Landschaft*. Scheeßel: Edition ReJoyce 2011, S. 73-81. (Inkorporiert die Rezension aus der *Basler Zeitung* von 1992.)

2012

Friedhelm Rathjen: „Kleine Notiz zu Melville und Joyce." In: ders.: *Doublin' Dublin. Vorträge und anderes zu James Joyce und Samuel Beckett*. Südwesthörn: Edition ReJoyce 2012, S. 61-64. (Nachdruck aus dem *Schreibheft* von 1991.)

2013

Friedhelm Rathjen: „Melville, Herman." In: ders.: *Poets, Books & Rock'n'Roll. Literatur und Rockmusik: ein Alphabet querbeet*. Südwesthörn: Edition ReJoyce 2013, S. 100.

2014

Friedhelm Rathjen: „Arno Schmidt 1914-1979. Chronik von Leben und Werk.“ In: *Bargfelder Bote. Materialien zum Werk Arno Schmidts*. Lfg. 375-377 (18. Januar 2014), S. 4-97. (Darin S. 35: „5. Februar [1955]: Auf Anregung des Schriftstellers Werner Steinberg bietet Schmidt dem Verlag Deutsche Volksbücher / Stuttgarter Hausbücherei die Biografie ‚Fouqué‘ und die Übersetzung von Coopers ‚Conanchet‘ an; der Verlag lehnt ‚Fouqué‘ ab, nachfolgende Verhandlungen über eine Tätigkeit Schmidts als Bearbeiter von Dickens- oder Melville-Übersetzungen enden mit Missverständnissen und Verstimmungen.“)

2015

Herman Melville: *Moby Dick* [sic] *oder Der Wal*. Üb. v. Friedhelm Rathjen, gelesen v. Christian Brückner. HörPunkt-Vorlesetag. In: Radio SRF Kultur. 2. Januar 2015, 9:00-23:30. (Auszüge aus dem Hörbuch.)

Howard Jacobson: *J. Roman*. Aus dem Englischen von Friedhelm Rathjen. München: Deutsche Verlags-Anstalt 2015. (Inkorporiert etliche Zitate aus und Anspielungen auf Melvilles *Moby-Dick*, veranlaßt durch das innerfiktionale Motiv einer „Operation Ishmael“.)

2016

Christian Brückner liest Herman Melville: *Moby-Dick; oder: Der Wal*. Aus dem Amerikanischen von Friedhelm Rathjen. Berlin: parlando 2016. (Neuausgabe der Hörbuchfassung von 2006 in neuer Aufmachung und mit neu gestaltetem Booklet. Darin S. [2]-[5]: Friedhelm Rathjen: „Melvilles Exzesse, exzessiv übersetzt.“)

Herman Melville: *Moby-Dick; oder: Der Wal*. Deutsch von Friedhelm Rathjen. Mit Illustrationen von Raymond Bishop und einem Nachwort von Alexander Pechmann. Salzburg: Jung und Jung 2016, ^{2}2018. (Neuausgabe der Übersetzung von 2004 im Neusatz und mit neuem Anhang. Darin: S. 895-909: „Wie ich Herman Melvilles *Moby-Dick* neu übersetzt habe.“)

Herman Melville: *Zwiesprache mit Hawthorne. Aus der Werkstatt des „Moby-Dick“*. Herausgegeben und übersetzt von Friedhelm Rathjen. Südwesthörn: Edition ReJoyce 2016. (Zusammenführung aller zuvor verstreut publizierten Melville-Übersetzungen mit Ausnahme des *Moby-Dick*.)

2017

Friedhelm Rathjen: „Umziehn: Von Findelkindern der Wurzellosigkeit. Schmidt, Rushdie und Joyce wider den Kulturpurismus." In: ders.: *Der koloniale Blick. Vier Studien zu Arno Schmidt im Spannungsfeld zwischen Seßhaftigkeit und Fremde*. Südwesthörn: Edition ReJoyce 2017, S. 85-131. (Nachdruck des *Zettelkasten*-Aufsatzes von 1994.)

Friedhelm Rathjen: „Melvilles Exzesse, exzessiv übersetzt. Begleittext zum Hörbuch *Moby-Dick*." In: ders.: *Literatur und Betrieb. Berichte aus den Niederungen*. Südwesthörn: Edition ReJoyce 2017, S. 11-13. (Nachdruck des Booklet-Textes von 2016.)

Friedhelm Rathjen: „Wal-Kampf. Leserbrief ans *Infoblatt* der Nordübersetzer." In: ders.: *Literatur und Betrieb. Berichte aus den Niederungen*. Südwesthörn: Edition ReJoyce 2017, S. 127-129. (Nachdruck des Leserbriefs von 2002.)

2018

Friedhelm Rathjen: *Von Tatwin of Canterbury bis John Lennon. Kommentiertes Register der von Arno Schmidt rezipierten Autoren aus der anglophonen Welt*. Südwesthörn: Edition ReJoyce 2018. (Darin: S. 195: „Melville, Herman (1819-91)".)

Friedhelm Rathjen: „Mit Blake und Borrow von Bargfeld nach Blickwedel. Zum Zitatismus in Arno Schmidts ‚Wasserstraße'." In: ders.: *Blake Borrow O'Brien. Zwei Quellenstudien zu Arno Schmidts Erzählung „Die Wasserstraße"*. Südwesthörn: Edition ReJoyce 2018, S. 7-89. (Nachdruck aus dem Band *Inselwärts* von 2008.)

2019

Friedhelm Rathjen: *Nennt mich Ishmael. Sieben Aufsätze und Miszellen zu Leben und Werk von Herman Melville*. Südwesthörn: Edition ReJoyce 2019. (Zusammenführung zuvor verstreut publizierter Arbeiten.)

Nachweise

„Die Werkstatt des *Moby-Dick*“ wurde folgendem Band entnommen: Herman Melville, *Zwiesprache mit Hawthorne. Aus der Werkstatt des „Moby-Dick“*, herausgegeben und übersetzt von Friedhelm Rathjen (Südwesthörn: Edition ReJoyce 2016).

„Kleine Notiz zu Melville und Joyce“ wurde folgendem Band entnommen: Friedhelm Rathjen, *Doublin' Dublin. Vorträge und anderes zu James Joyce und Samuel Beckett* (Südwesthörn: Edition ReJoyce 2012). Erstdruck im *Schreibheft* 37 (Mai 1991).

„ALLES.ZIP“ wurde folgendem Band entnommen: Friedhelm Rathjen, *weder noch. Aufsätze zu Samuel Beckett* (Scheeßel: ReJoyce 2005). Geschrieben in englischer Sprache auf der Basis eines mündlichen Beitrags zu dem von Jörg Drews organisierten Panel „Joyce's Work and the Organization/Organizing of Knowledge“ des *Eighteenth International James Joyce Symposium*, vorgetragen am 17. Juni 2002 in Triest.

„Fährendienste“ wurde folgendem Band entnommen: Friedhelm Rathjen, *Quadratur des Kreises. Zum Übersetzen* (Scheeßel: Edition ReJoyce 2009). Erstdruck im *Schreibheft* 57 (September 2001); für den Abdruck in *Quadratur des Kreises* im Detail modifiziert und um die Fußnoten sowie den Epilog ergänzt.

„Seemannsjahre eines Dichters“ wurde folgendem Band entnommen: Friedhelm Rathjen, *Die Kunst des Lebens. Biographische Nachforschungen zu Arno Schmidt und Consorten* (Scheeßel: Edition ReJoyce 2007). Erstdruck in der *Frankfurter Rundschau* vom 2. Januar 2003.

„Große und kleine Fische“ und „Aufzählungen und Abschweifungen“ wurden folgendem Band entnommen: Friedhelm Rathjen, *Ach, Amerika! Literatur, Leben, Landschaft* (Scheeßel: Edition ReJoyce 2011). „Große und kleine Fische“ ist die Zusammenschrift zweier Rezensionen: „Kleine Fische“ aus *liteaturkritik.de* 9 (September 2005) und „Ein Gang durch Melvilles Welt“ aus der *Zeit* vom 10. Januar 2008. „Aufzählungen und Abschweifungen“ wurde erstgedruckt u.d.T. „Baseball oder Das Jammertal des permanenten Verlierens“ in der *Basler Zeitung* vom 15. Dezember 2000.